AXEL BORSDORF und MICHAELA PAAL (HG.)

DIE „ALPINE STADT" ZWISCHEN LOKALER VERANKERUNG UND
GLOBALER VERNETZUNG

BEITRÄGE ZUR REGIONALEN STADTFORSCHUNG IM ALPENRAUM

ISR-FORSCHUNGSBERICHTE

HERAUSGEGEBEN VOM
INSTITUT FÜR STADT- UND REGIONALFORSCHUNG

HEFT 20

REDAKTION: JOSEF KOHLBACHER und URSULA REEGER

VERLAG DER ÖSTERREICHISCHEN AKADEMIE DER WISSENSCHAFTEN
WIEN 2000

AXEL BORSDORF und MICHAELA PAAL (HG.)

DIE „ALPINE STADT" ZWISCHEN LOKALER VERANKERUNG UND GLOBALER VERNETZUNG

Beiträge zur regionalen Stadtforschung im Alpenraum

VERLAG DER ÖSTERREICHISCHEN AKADEMIE DER WISSENSCHAFTEN
WIEN 2000

Die Arbeit unterliegt ausschließlich der Verantwortung des ISR
und wurde der phil.-hist. Klasse nicht vorgelegt.

ISBN 3 7001 2891 6

Medieninhaber und Herausgeber: Österreichische Akademie der Wissenschaften

Institut für Stadt- und Regionalforschung, Postgasse 7, A-1010 Wien

Tel. (+43-1)-51581/520-532

Telefax (+43-1)-51581/533

Redaktion: Josef Kohlbacher und Ursula Reeger

Layout: Ursula Reeger

Druck: Novographic, A-1238 Wien

Vorwort

Hochgebirge sind Geosysteme höchster Komplexität. An die spezifische Reliefenergie, Morphodynamik, Orographie und die hypsometrische Kammerung des phy-
sisch-geographischen Potentials (Klima-, Boden- und Vegetationsstufung), aber auch
an die besonderen hydrologischen Bedingungen haben sich wirtschaftsräumliche,
siedlungsräumliche und verkehrliche Strukturen angepaßt, wobei trennende und ver-
bindende Strukturen in gleicher Weise Bedeutung erlangen.

Das europäische Hochgebirge der Alpen wird häufig als Prototyp des Hochgebirges angesehen. Dabei hatte die Alpenforschung in jüngster Zeit einen signifikanten
Bedeutungsgewinn zu verzeichnen. Die Alpenkonvention einerseits und der europäische Einigungsprozeß andererseits haben überstaatliche Kooperationen in der Erforschung der Grundlagen und der angewandten Forschung hervorgebracht. Derzeit wird
die Gründung eines Internationalen Komitees für Alpenforschung erwogen, in dem die
Spitzenorganisationen der Wissenschaft aller Staaten, die über einen alpinen Landes-
teil verfügen, mitwirken sollen.

Lagen die Städte im Alpenraum über Jahrzehnte eher am Rand des wissenschaftlichen Interesses, so ist auch hier in den letzten Jahren ein Wandel festzustellen. Das
internationale Forschungsprojekt G.I.N.C.O., das von der französischen Universität
Grenoble initiiert wurde, versucht im Rahmen integrativ-vergleichender Studien
Grundlagen zur alpinen Stadtforschung zu schaffen. Aber auch in der Politik kommt
den Städten des Alpenraumes eine neue Bedeutung zu, die sich nicht zuletzt in der
Verleihung des Titels „Alpenstadt des Jahres" äußert.

Das Institut für Stadt- und Regionalforschung der Österreichischen Akademie der
Wissenschaften ist in unterschiedlicher Weise in die Aktivitäten der Alpenforschung
eingebunden. Mitglieder des Instituts arbeiten seit Jahren im G.I.N.C.O.- Forschungsprojekt zur „alpinen Stadt" mit. Von der Akademie der Wissenschaften ist dem Institut
darüber hinaus eine wichtige Rolle im zukünftigen Nationalkomitee Alpenforschung
zugedacht worden.

Es lag daher nahe, in einem Forschungsbericht zur „alpinen Stadt" einen Einstieg
in die Thematik zu bieten, wobei Wissenschaftler mit unterschiedlichem Forschungsinteresse und aus verschiedenen Ländern des Alpenraumes Perspektiven der Stadtforschung im Alpenraum aufzeigen sollen. Dieser Bericht hat ausdrücklich nicht die
Aufgabe, abgeschlossene Forschungsergebnisse in einem engen thematischen Rahmen
zu präsentieren. Vielmehr soll mit sehr unterschiedlichen Ansätzen die Bandbreite der
Forschung dokumentiert werden. Den Herausgebern erschien es besonders wichtig,
daß die Autoren damit auch Perspektiven für zukünftige Untersuchungen aufzeigen.
Insofern soll der Forschungsbericht nicht, wie in dieser Reihe üblich, den Abschluß

einer wissenschaftlichen Leistung dokumentieren, sondern vielmehr Impulse für die weitere Auseinandersetzung mit der „alpinen Stadt" geben.

Für die Mitarbeit wurden Wissenschaftler aus Frankreich, der Schweiz und Österreich gewonnen. Ganz bewußt haben wir die Beiträge in den Originalsprachen belassen, um die Multikulturalität der Alpen zu dokumentieren und das Bewußtsein für die Notwendigkeit der multilingualen Diskussion zu vertiefen. Aus diesem Grund erfolgte die Vereinheitlichung der Zitierweise in den Beiträgen und Literaturverzeichnissen nach Maßgabe der Möglichkeiten, und es wurden die nationalen Besonderheiten auch belassen. Dafür bitten wir die Leser um Verständnis.

Dank schulden die Herausgeber dem bewährten Redaktionsteam des Instituts, Herrn DDr. Josef Kohlbacher und Frau Dr. Ursula Reeger. Ein herzlicher Dank gilt darüber hinaus allen Mitarbeitern des Instituts, die in den wissenschaftlichen Teambesprechungen und einem Workshop des Instituts nicht nur Anteil an diesem Feld unserer Forschung genommen haben, sondern auch mit interessanten Diskussionsbeiträgen die Auseinandersetzung mit dem Thema sehr befruchtet haben.

Wien, im Februar 2000   Axel Borsdorf und Michaela Paal

Inhaltsverzeichnis

Die „Alpine Stadt": Bemerkungen zu Forschungsfragen und wissenschaftlichen Perspektiven – Eine Einleitung

Axel Borsdorf und Michaela Paal

1 Einleitung

Die alpine Stadt zählt zu den wissenschaftlich bislang nur mangelhaft aufgearbeiteten Objekten stadtgeographischer Forschung. Im wesentlichen mag dieses Defizit in der Tatsache begründet sein, daß Stadtgeographie in erster Linie mit Großstadtforschung gleichgesetzt wird. Große städtische Agglomerationen potenzieren gesellschaftliche und räumliche Probleme und stellen aufgrund ihrer dynamischen Entwicklung und räumlichen Organisation ein für die Wissenschaft besonders attraktives Terrain dar. Hingegen können die Städte des Alpenbogens mit wenigen Ausnahmen aufgrund ihrer Einwohnerzahl lediglich den Klein- und Mittelstädten zugerechnet werden – ein Umstand, der sie bislang aus den zentralen Forschungsfeldern der Stadtgeographie ausblendete. Im Rahmen eines Kongresses anläßlich der Ernennung Villachs zur „Alpenstadt des Jahres 1997" wurde dieses Forschungsdefizit artikuliert und durch die im Tagungsband enthaltende Bibliographie (BÄTZING 1999b) verdeutlicht.

Nach vielen Jahren der wissenschaftlichen Vernachlässigung scheinen heute die Alpenstädte in den Mittelpunkt des Interesses zu rücken. Dies erfolgt in einer Zeit, in der sich die Identität aufzulösen beginnt, globale Tendenzen wirken und die alpinen Städte bereits als „Vorstädte europäischer Metropolen" angesehen werden können (BÄTZING 1999c).

Es ist also an der Zeit, die Alpenstädte, die aufgrund einer Reihe von Besonderheiten, die nicht nur in ihrer Physiognomie, sondern auch in ihrer Funktion begründet sind und nach MESSERLI (1999) durchaus einen spezifischen Stadttyp darstellen, einer näheren Betrachtung zu unterziehen. Diese Beurteilung muß vor dem Hintergrund ihrer physiognomisch-ökologischen Erscheinung, ihrer Stadt-Umland-Beziehungen und Zentralität sowie ihrer Integration in die inneralpinen, europäischen und globalen Verkehrs- und Wirtschaftssysteme vorgenommen werden.

Mit den Beiträgen dieses Bandes sollen Grundlagen für eine Standortbestimmung der alpinen Stadt, zur Bandbreite von Forschungsfragen über die alpine Stadt und zur Zukunftssicherung von Städten im Alpenraum in einem sich wandelnden europäischen und globalen Städtesystem vorgestellt werden.

2 Die Physiognomie alpiner Städte und ihr Wandel

Eines der auffälligsten Merkmale der Alpenstädte ist ihre Lage im ohnehin limitierten Dauersiedlungsraum des Hochgebirges. Siedlungsexpansion und Suburbanisierung treffen im Gegensatz zum Stadtwachstum in flacheren Regionen auf völlig andere naturräumliche Gegebenheiten. Die Entwicklung der Kulturlandschaft wird hier besonders stark durch den Naturraum determiniert. Der Zusammenhang zwischen der historischen räumlichen und ökonomischen Entwicklung von Städten im Gebirgsraum und dessen physischer Ausstattung ist evident.

Neue Technologien, die Veränderung des Zeitgeschmacks, aber auch die Wirksamkeit globaler Leitbilder und Wirtschaftsprozesse haben jedoch das traditionelle, raumgebundene Bild alpiner Städte stark verändert. Raumfremde Baumaterialien, Gebäude in „Allerweltsarchitektur", aber auch der Einzug allochthoner Pflanzen in öffentliche Parks und private Gärten haben die Städte scheinbar „entankert" (WERLEN 1995) und aus ihrem engen räumlichen Kontext herausgelöst. Alle diese Prozesse können in Zukunft auch die räumliche Identität der Städte und ihrer Bewohner betreffen und Phänomene auslösen, für die MITSCHERLICH (1965) in einem anderen Kontext die Formulierung „Unwirtlichkeit der Städte" gefunden hat.

Damit sind Fragen angesprochen, mit denen sich neben der Geographie die Semiotik, die Raumästhetik, der Städtebau sowie die Stadtökologie und Botanik beschäftigen. Während es an Studien zur Methodik und an Fallstudien am Beispiel deutscher Städte nicht mangelt (HARD 1985; HASSE 1993; KAMINSKI 1989; STRASSEL 1998), fehlen bislang Untersuchungen zur alpinen Stadt völlig. Dies ist überraschend, weil die Alpen einen bevorzugten Fremdenverkehrsraum darstellen und sich das Vorstellungsbild der Besucher – so kann zunächst hypothetisch konstatiert werden – mit den Veränderungen der Physiognomie der Städte in manchen Fällen kaum noch deckt. Auch die österreichische Kulturlandschaftsforschung (Forschungsschwerpunkt „Kulturlandschaftsforschung" des Bundesministeriums für Wissenschaft und Verkehr) hat in ihrer ersten Phase die Städte weitgehend ausgeschlossen und sie erst in die nun anlaufende zweite Phase integriert.

Die Globalisierung der Wirtschaftsstrukturen findet ihre Parallele in der Globalisierung des Zeitgeschmackes. Neben den überbauten und versiegelten Arealen bilden die Freiflächen (offene Areale) ein physiognomisch bedeutendes Charakteristikum alpiner Städte. Stadtwälder, das private Grün von Haus- und Dachgärten, die Innenhöfe und Grünflächen von Wohnbaugenossenschaften sowie Kleingartenanlagen, die Flächen der städtischen Landwirtschaft sowie die verschiedenen Brachflächen, die sich teils in öffentlicher, teils in privater Hand befinden, stellen vielfach besonders wertvolle Rückzugsgebiete bedrohter Arten innerhalb des Stadtgebietes dar.

Mit der Bepflanzung von Hausgärten und Parkanlagen aus dem Angebot von Gartenmärkten und Pflanzenversendern ändert sich nicht nur die Artenvielfalt, sondern auch ein wichtiges physiognomisches Merkmal alpiner Städte, für die der Grünraum den Bezug zur umgebenden Landschaft darstellt. Ein Verlust an Eigenart, eine Entankerung, die letztlich auch Einfluß auf Stadtästhetik, auf Regionalbewußtsein und Identität der Stadtbewohner und auf die Wahrnehmung der Stadtbesucher hat, ist auch hier festzustellen.

Mit dem Grad der Verbauung von Grünflächen im Stadtgebiet steigt auch das Bedürfnis, für die zukünftige Nutzung der verbliebenen Freiflächen Entwicklungsziele zu entwickeln. Dies erfolgt auf unterschiedliche Weise. Sei es die Ausweisung von agrarischen Vorrangflächen, die Entwicklung von Arten- und Lebensraumschutzprogrammen oder die Erarbeitung von Entwicklungsplänen für die Stadtplanung. Die Betrachtung erfolgt fast durchwegs sektoral, auf einen Teilaspekt der Stadtentwicklung (Verkehrsplanung, Natur- und Umweltschutz, Raumplanung usw.) fokussiert.

3 Städtische Funktionen in den Alpen

Stärker noch als in der Physiognomie ist die Standortbestimmung der alpinen Stadt als funktionales Element inmitten eines sich wandelnden Wirtschaftsraumes einer permanenten Revision unterworfen. Die ökonomische Funktion der Alpenstädte definiert und differenziert sich auf unterschiedlichen Maßstabsebenen, die vom regionalen Bezug über die Stellung im nationalen Städtesystem bis zur Einbindung in ein transnationales Netz von Städten reicht, die aufgrund ihrer Lage im Alpenraum ähnliche ökonomische Parameter aufweisen.

Im regionalen Kontext nimmt die alpine Stadt als Versorgungszentrum inmitten eines aufgrund der linearen Struktur stark verästelter Alpentäler inhomogenen funktionalen Wirtschaftsraumes eine Sonderstellung ein. Die Einzugsbereiche der Städte des Hochgebirges weichen stark von den räumlich gleichmäßig ausgeprägten, kreisförmigen oder hexagonalen Versorgungsgebieten außeralpiner Zentren ab. Daraus resultiert die Notwendigkeit, zur Aufrechterhaltung der ausreichenden Versorgung der Bevölkerung enorme Distanzen zu überwinden. Die Problematik der Entfernung von Nachfragern zum Angebot im Zentrum betrifft zum einen jenen Teil der Arbeitsbevölkerung, der nicht im Agrarbereich oder im fremdenverkehrsdominierten Dienstleistungssektor vor Ort Beschäftigung findet, sondern zwischen Wohnort und Arbeitsstätte pendelt und der Organisation durch ein leistungsfähiges Verkehrsnetz bedarf. Zum anderen verursacht die Bereitstellung von öffentlicher Infrastruktur in einem Einzugsgebiet von enormer Reichweite bei gleichzeitig relativ geringer Nachfrage und mangelnder Auslastung Kosten, die aufgrund der Sicherstellung der Versorgung der Bevölkerung in Kauf genommen werden müssen.

Ob dabei das zentralörtliche Modell in ähnlicher Weise an Beschreibungsgenauigkeit einbüßt und durch verhaltensorientierte Modelle ersetzt werden sollte, wie dies für Zentrale Orte in flächenhaft strukturierten Raumsystemen von STIENS (1990) und GEBHARDT (1996) konstatiert wurde, muß noch untersucht werden. Aufgrund der Städtearmut des Alpenraums kommt den Distanzen zwischen den Zentralorten in der orographischen Kammerung der Alpen möglicherweise doch noch größere Bedeutung zu. Dennoch bedarf das Modell der Zentralen Orte, das vor allem im österreichischen Alpenanteil noch Grundlage von Raumordnungsplänen ist, dringend einer Modifikation, weil die topographisch-orographische Situation der Grundannahme des Modells (homogener Raum) eklatant widerspricht. Die Methodik zur Identifikation zentraler Orte nach BOBEK und FESL (1978) muß daher dringend modifiziert werden.

Innerhalb der nationalen Städtesysteme besetzen die Alpenstädte in der Regel periphere Positionen. Hinsichtlich dieser Peripherisierung offenbaren sich jedoch nationalstaatliche Differenzierungen, die in unmittelbarer Abhängigkeit vom jeweiligen politischen System stehen. Während in zentralistisch organisierten Staaten, etwa in Frankreich oder Italien, die Alpen selbst als periphere Region gelten und daher die Bedeutung der Alpenstädte tatsächlich nicht über ihre Region hinausreicht, gelten in föderalistischen Systemen wie der Bundesrepublik Deutschland oder Österreich die Alpen als integrierter Bestandteil des Staatsgebietes.

In Österreich zählt zudem das alpine Siedlungssystem mit seiner großen Zahl an Kleinstädten zu den Gewinnern der nachkriegszeitlichen Siedlungsentwicklung. Während etwa in Teilen der französischen Alpen die Bevölkerungsdichte mittlerweile auf unter vier Einwohner pro Quadratkilometer gesunken ist und die Polarisierung auf einige wenige Versorgungszentren weiter zunimmt (PUMAIN und SAINT-JULIEN 1995: 43), erreicht die Bevölkerungskonzentration in den verstädterten Siedlungszonen Westösterreichs mit 370 Einwohnern pro Quadratkilometer die Dichtewerte der Niederlande (LICHTENBERGER 1995a: 240; BÄTZING 1991).

Auch im internationalen Kontext bedarf die Rolle der Alpenstädte einer neuen Standortbestimmung. Mit dem Beitritt Österreichs zur Europäischen Union vollzog sich die Eingliederung der Ostalpen in einen gesamteuropäischen Wirtschaftsraum, dessen Aktivitäten auch nachhaltige Auswirkungen auf die Städte des Hochgebirges haben werden. Mit Ausnahme der Schweiz sind die Alpenstädte im Begriff, aus dem regionalen Bezugsrahmen herausgelöst und auf eine internationale Ebene transferiert zu werden. Güteraustausch, Reisefreiheit und die freie Wahl des Wohnsitzes innerhalb der EU gelten nicht länger als externe Faktoren, sondern werden in noch stärkerem Maße als bisher ihre Spuren im Raum hinterlassen. Neue Kommunikationstechnologien gestatten in einzelnen Wirtschaftszweigen die Überwindung von kostenintensiven Distanzen, die bislang die wirtschaftliche Dynamik alpiner Zentralorte behinderten.

Die Okkupation der Alpen durch die Freizeitgesellschaft könnte zu einem wirtschaftlichen Entmischungsprozeß führen, der die zentralen Versorgungseinrichtungen vor völlig neue Aufgaben stellt. Als eine der landschaftlich attraktivsten Regionen Europas gelten die Alpen bereits heute als wichtiges touristisches Zielgebiet, in dem eine Reihe von Wirtschaftsfaktoren – Arbeitsplatzangebot, Bodenpreise u. ä. – in unmittelbarer Abhängigkeit von der Nachfrage durch den Fremdenverkehr stehen.

Auch die Alpenstädte werden sich den Globalisierungstendenzen und der steigenden Mobilität nicht länger durch den Rückzug auf regionale Sichtweisen verschließen können und neue Aufgaben vermutlich nur durch Kooperation und Vernetzung bewältigen. Hier eröffnen sich aber auch neue Perspektiven für die Stadtgeographie, die im Begriff ist, die traditionellen, intraurbanen und suburbanen Forschungsfelder zu verlassen und sich einer vergleichenden, europäischen Stadtforschung zuzuwenden.

4 Der internationale „state of the art" der Zentralitätsforschung und seine Bedeutung für Städte im Alpenraum

Stadtgeographische Untersuchungen auf der Ebene von Klein- und Mittelstädten sind traditionell eng mit der Frage nach ihrer Stellung innerhalb des Systems der Zentralen Orte verknüpft. Im Gegensatz zu den großen Agglomerationen, die sich durch Entindustrialisierung, die Dominanz des Tertiären und Quartären Sektors und ihre Funktion innerhalb eines internationalen Systems von Steuerungszentralen globalen Wirtschaftens zunehmend einer Bewertung als höchstrangige Zentren einer nationalen Zentrale-Orte-Hierarchie entziehen, sind die Alpenstädte hierarchisch noch stabil verankert.

Auf die Tatsache, daß ihre Erforschung bislang weitgehend unterblieben ist und sich auf Einzelstudien beschränkte, die vor allem als Entscheidungsgrundlagen für die örtliche und überörtliche Raumplanung dienten, also in keinem Fall über die Region hinausreichten (z. B. WEICHHART 1996), wurde eingangs bereits hingewiesen.

Ferner ist zu vermerken, daß die Zentralitätsforschung in den letzten Jahren in die Krise gekommen ist. Nachdem das von CHRISTALLER 1933 für den süddeutschen Raum entwickelte Konzept erst Mitte der fünfziger Jahre wiederentdeckt wurde, erlebte die Theorie der Zentralen Orte mit einem Umweg über den angloamerikanischen Sprachraum in den Folgejahren einen unerhörten Boom, der selbst die Debatte um die mangelnde Ausstattung der deutschsprachigen Geographie mit Theorien und Modellen überlebte. Lange Zeit galt die Zentralitätsforschung als eine der Domänen der Geographie, für die das Fach als kompetent angesehen wurde und die durch ihre Verknüpfung von theoretischem Grundgerüst und Praxisrelevanz als anerkanntes raumwissenschaftliches Konzept die Geographie wenigstens partiell von ihrem Theoriemangel-Komplex befreite (vgl. auch BLOTEVOGEL 1996a: 9).

Mit dem Beginn der achtziger Jahre nahm das Interesse junger Geographen an den Fragen der Zentralitätsforschung deutlich ab. Selbst in der Raumplanung, dies vor allem in Deutschland, geriet das Konzept, das lange Zeit als wichtiges Planungsinstrument für die Schaffung von gleichwertigen Lebensverhältnissen im ländlichen Raum gegolten hatte, ins Abseits. Der Vorwurf der Strukturkonservierung und mangelnden Flexibilität gegenüber endogenen Entwicklungsstrategien stellte das Konzept der Zentralen Orte in Frage (GEBHARDT 1996). In Österreich ist diese Diskussion bislang nicht geführt worden.

Daß sich trotz aller Ambivalenz die Debatte um die Zentralitätsforschung in den letzten Jahren verstärkte, gründet sich auf mehrere Fakten. Als wesentlichste Ursache für die Persistenz der Theorie der Zentralen Orte darf gelten, daß das Prinzip der gleichmäßigen Versorgung der Bevölkerung mit Gütern des kurz- und langfristigen Bedarfes, mit technischer Infrastruktur und Dienstleistungen der öffentlichen Verwaltung immer noch fest in den Vorstellungen der Raumplanung verankert ist. Dies gilt besonders für Österreich.

Mit der Wiedervereinigung gewann in der Bundesrepublik Deutschland die Notwendigkeit an Bedeutung, für die neuen Bundesländer ein Versorgungs- und Infrastrukturkonzept zu entwickeln, das nicht nur in der Lage ist, das ehemalige staatliche Versorgungssystem abzulösen, sondern auch auf neue Formen ungebremsten Wachstums im suburbanen Bereich zu reagieren. Gleichzeitig löste die erneute Festlegung von Siedlungen auf unterschiedliche Ränge der zentralörtlichen Hierarchie die Diskussion über Mängel einer derartigen Raumstrukturierung aus, die nach Meinung der Kritiker in den letzten Jahrzehnten konkrete Defizite in der Entwicklung des Siedlungssystems hinterlassen hätte und daher durch ein flexibleres, am tatsächlichen Versorgungsverhalten der Menschen orientiertes Konzept zu ersetzen wäre.

Hier sehen deutsche Geographen – die übrigens wie ihre französischen Kollegen schon immer stärker in konkrete Fragen der Raumplanung eingebunden waren, als dies in Österreich der Fall ist – die Chance, unter veränderten Rahmenbedingungen (fortschreitende Suburbanisierung, steigende Mobilität, Dominanz des Individualverkehrs, Verringerung der Zahl von Zentralen Orten der unteren Stufen sowie Konzentrationserscheinungen in der Konsumgüterversorgung,) an die Hochkonjunktur der Zentrale-Orte-Forschung der sechziger Jahre anknüpfen zu können. Jene, die dem Zentrale-Orte-Konzept kritisch gegenüberstehen, fordern entweder eine gründliche Revision, die sich an neuen Entwicklungstendenzen (Veränderung des Einkaufsverhaltens durch gesteigerte Mobilität, neue Unternehmensstrategien) orientiert, oder die völlige Aufgabe des hierarchischen Versorgungsprinzips zugunsten kooperativer Zusammenschlüsse und Aufgabenteilungen innerhalb des Siedlungssystems.

Die Debatte um die Erneuerung der Zentralitätsforschung umfaßt also eine Reihe von Schwerpunkten, deren inhaltlicher Bogen sich von der grundsätzlichen Infragestellung der Theorie der Zentralen Orte über die Definition neuer Phänomene im Versorgungsverhalten bis zur Einbeziehung des Quartären Sektors spannt. Einen Schwerpunkt dieses Diskurses bildet die Kontroverse um die Theorie der Zentralen Orte bzw. deren Sinnhaftigkeit. Sowohl für die Aufgabe als auch die Beibehaltung bzw. Modernisierung der Zentrale-Orte-Theorie werden ernstzunehmende Argumente vorgebracht, die eine genauere Reflexion angebracht erscheinen lassen.

4.1 Grundsätzliche Kritik am Zentrale-Orte-Konzept

Begriffliche Infragestellung des „Zentralen Ortes"
Angesichts der Tatsache, daß sich das Versorgungsverhalten aufgrund ständig wachsender individueller Mobilität schon längst nicht mehr an einem Zentralen Ort orientiert, sondern sich entweder in den Zentren selbst diversifiziert (KULKE 1992;

WALDHAUSEN-APFELBAUM und GROTZ 1996) oder überhaupt außerhalb der Siedlungen, in den an der Peripherie errichteten Verbrauchermärkten stattfindet, ist bereits der Begriff des „Zentralen Ortes" in Frage zu stellen, zumal die Dienstleistungen sich mitunter sogar der konkreten Zuordnung zu einer administrativen Einheit entziehen. Das Fehlen eindeutiger Ordnungen und Abgrenzungen von Verdichtungsräumen könnte daher eher mit der Bezeichnung „Standortagglomerationen des Handels und der Dienstleistungen" ausgedrückt werden (BORCHERDT 1989).

Wirkungslosigkeitshypothese
Eines der wichtigsten Argumente gegen eine Beibehaltung des Konzeptes richtet sich gegen den Anspruch, mit dem Ausbau von Zentralen Orten und der Planung von Achsen der räumlichen Konzentration von Siedlungen deren Entwicklung lenken zu können. Dieses Ziel sei nicht erreicht worden, das Konzept somit nicht wirksam und daher obsolet. Daß Fehler in der Umsetzung sowohl in den alten als auch in den neuen Bundesländern zu konstatieren seien, räumen selbst Befürworter der Zentrale-Orte-Theorie ein, doch weisen sie nicht zu Unrecht darauf hin, daß die Bundesrepublik Deutschland heute über ein Siedlungssystem verfügt, das dank der Interferenz zwischen Marktprozessen und Raumplanung stärkere räumliche Diversifizierung hintanhält (BLOTEVOGEL 1996a: 647).

Zentralisierung und Dorfverödung
Dem Vorwurf, durch die Zentralisierung der Infrastruktur und die Bildung von Großgemeinden wäre die Verödung des ländlichen Raumes initiiert worden, begegnen Raumplanungsexperten wie BLOTEVOGEL (1996a-c) mit dem Hinweis, Zentralität bedeute nicht grundsätzlich auch Polarisierung, daher sei das Zentrale-Orte-Konzept nicht die Ursache, wohl aber das Instrument zentralisierender Politik geworden.

Inflexibilität
Ein weiteres Argument setzt an der Inflexibilität des Konzeptes an. Im Rahmen einer modernen Landes- und Raumplanung, deren Anliegen die flexible Moderation von regionalen Entwicklungsprozessen und das Management von konkreten Projekten sei, könne das starre und rigide System der Zentralen Orte höchstens zu Behinderungen führen und sei daher nicht mehr zeitgemäß. Tatsächlich unterscheidet sich das lineare Konzept einer durch planerische Eingriffe herzustellenden statischen Ordnung grundsätzlich von einem Planungsverständnis, das sich aufgrund der wachsenden strukturellen Dynamik und Pluralität der Gesellschaft kurzfristigen Planungshorizonten zugewendet hat. Der Trend zur Deregulierung läßt dabei die Theorie der Zentralen Orte als Flexibilitätshemmnis erscheinen. Als Gegenargument in der Debatte gilt, daß räumliche Sortierungsprozesse durch Deregulierung und Mangel an normativen Zielvorgaben beschleunigt werden.

Investitionslenkung und -behinderung
Weitere Kritik richtet sich darauf, daß mit der räumlichen Lenkung von Investitionen, speziell im Einzelhandel und Dienstleistungsbereich, das Zentrale-Orte-Konzept explizit eine Einschränkung der Standortwahl betreibe und in Verknüpfung mit der Wachstumspol-Theorie zur Behinderung privatwirtschaftlicher Investitionstätigkeit

führe. Dieses Argument wird selbst von den Befürwortern der Beibehaltung des Prinzips der Zentralen Orte – vermutlich auch vor dem Hintergrund des Neoliberalismus – ernst genommen, indem das Konzept nicht als Ziel, sondern als Instrument der Raumplanung bezeichnet wird, wobei über die damit zu erreichenden Ziele noch Unklarheit besteht.

4.2 Die Diskussion zur Weiterentwicklung der Zentrale-Orte-Theorie

Die Einbindung endogener Regionalentwicklung in das Zentrale-Orte-Konzept
Die Forderung nach der Sicherstellung der Versorgung in Orten, die nach dem Zentrale-Orte-Konzept nicht als Zentren ausgewiesen wurden, steht in einem engen Zusammenhang mit der Kritik, die Ausweisung von „Nichtzentren" hätte zum planmäßigen Rückbau von Versorgungseinrichtungen geführt und damit zahlreiche Siedlungen zu Schlafplätzen von Pendlern degradiert (HENKEL 1992). BLOTEVOGEL sieht in diesem Kontext die Aufgabe eines auch künftig anwendbaren Zentrale-Orte-Konzeptes in der Sicherstellung der wohnstandortnahen Versorgung im dünn besiedelten ländlichen Räumen. Da mit den Konzentrationsprozessen im Einzelhandel der Bedarf an Mobilität seitens der Nachfrager drastisch ansteigt, schreibt er der Aufgabe der Sicherstellung der Nahversorgung besondere Aktualität zu.
Die Rolle der unternehmensorientierten Dienstleistungen
Mit der Konzentration auf haushaltsorientierte Dienstleistungen koppelt sich die Zentrale-Orte-Forschung von einem Bereich der Dienstleistungen ab, der sich am Bedarf von Unternehmen orientiert und sich vermutlich in zunehmendem Maß von der zentralörtlichen Struktur abkoppelt und in netzwerkartigen Strukturen agiert (STAUDACHER 1991 und 1993)
Die Einbeziehung neuer Verhaltensformen individueller Versorgung
Mit der Integration der Lebenslauf- und Lebensstilforschung in die Sozialwissenschaften stellt sich auch für die Zentralitätsforschung die Frage nach der Einbeziehung neuer Konsummodelle (Erlebniseinkauf, unterschiedliche Konsumkulturen) jenseits einer traditionell geschichteten Sozialstruktur (BEHRENS 1991).
Obwohl auch in Deutschland die Erarbeitung neuer Perspektiven für die zukünftige Anwendbarkeit der Theorie der Zentralen Orte erst seit etwa zwei Jahren intensiviert wird, fand in Österreich eine derartige Diskussion über die Sinnhaftigkeit der Theorie der Zentralen Orte bzw. über die Notwendigkeit ihrer Reformierung bislang nicht statt.
Noch immer bilden die von H. BOBEK 1978 (gem. mit M. FESL) publizierte zentralörtliche Gliederung Österreichs sowie deren Ergänzungen aus dem Jahr 1983 (vgl. FESL und BOBEK 1983) die Grundlage für Forschungsarbeiten, die in erster Linie im Rahmen der „Wiener Schule der Stadtgeographie" von LICHTENBERGER und ihren SchülerInnen fortgeführt wurden. Dabei stellt das Zentralörtliche System in der Regel einen theoretischen Bezugsrahmen dar, zu dem die Ausprägungen von externen Phä-

nomen, etwa die Entwicklung des österreichischen Immobilienmarktes, in Relation gesetzt werden. Erst 1996 greift LICHTENBERGER – offenbar als grundsätzliche Reaktion auf die bundesdeutschen Reflexionen zum Thema[1] – die Frage nach dem Zustand des Zentralörtlichen Systems Österreichs direkt auf. Die Veränderungen im Einzelhandel und die möglichen Folgen eines Rückbaus im Bereich der öffentlichen Infrastruktur am Beispiel der österreichischen Spitäler werden in Relation zu dem von BOBEK entwickelten und stark an Einrichtungen der sozialen Wohlfahrt orientierten zentralörtlichen System gesetzt. Dabei steht die Bewertung der Standortpolitik im Mittelpunkt der Erörterungen, wobei die starre Gliederung in hierarchische Zentren mit genau definierten Einzugsbereichen nicht in Frage gestellt wird.

Neben diesem allgemeinen und stark politsystemorientierten Ansatz gelten die Arbeiten von A. BORSDORF (1994, 1995 gem. mit SCHÖFFTHALER, 1996b) und P. WEICHHART (1996) als Beiträge mit konkretem Praxisbezug, deren Basis Gutachten für die örtliche Raumplanung in Tirol und Salzburg bilden. Damit setzt sich eine Tradition fort, die die Zentrale-Orte-Theorie als eine wichtige Grundlage der Landes- und Regionalplanung sieht – im Gegensatz zur Dienstleistungs- und Einzelhandelsforschung, denen mittlerweile leistungsfähigere Theoriekonzepte zugrunde liegen (vgl. BLOTEVOGEL 1996b: 23).

Mittel- und langfristig ist bereits abzusehen, daß sich die Zentralitätsforschung in wesentlichen Bereichen von der begrenzten Regionalebene abkoppeln könnte. Während das Ende der Begrenzung auf die Aufgabe der Sicherstellung der Versorgung – besonders am unteren Ende der hierarchischen Ordnung – bereits in Sicht ist (PRIEBS 1995), steht die Erforschung überregionaler Vernetzungen und Kooperationen erst am Beginn.

Damit ist eine der jüngsten Forschungsrichtungen der Geographie angesprochen. Sie beschäftigt sich mit „urban networks", Städtenetzen auf regionaler, nationaler und supranationaler Ebene. Der Terminus technicus diffundierte aus dem Angloamerikanischen nach Europa, wurde von den Verantwortlichen für europäische Regionalpolitik der EU bereitwillig aufgegriffen und im Rahmen der 1991 publizierten Disposition „Europa 2000" als Leitmotiv der künftigen Entwicklung vorgestellt.

Freilich lag zum damaligen Zeitpunkt eine nur sehr vage Definition des Begriffes der Städtenetze vor – ein Umstand, der sich bis heute nur marginal verbessert hat. Städtenetze gelten als „Gegenkonzept" zu hierarchischen Strukturen und passen vor allem zur Auffassung, daß „flexible Netzstrukturen besser auf die Herausforderungen des 21. Jahrhunderts vorbereitet sind als starre hierarchische Entscheidungsstrukturen" (KUNZMANN 1995: 128). Sie werden daher häufig als „Gegenstrategie" zum Konzept der Zentralen Orte interpretiert, die entwicklungspolitisch wünschenswert sei, zumal sie sowohl von Konkurrenz als auch von Kooperation geprägt sei.

---

[1] Die Fachzeitschrift „Erdkunde" widmete der Frage nach der Aktualität der Theorie der Zentralen Orte im Heft 50/1996 einen Themenschwerpunkt.

Vorstellungen von der Art möglicher städtischer Netze reichen von ökonomischen Orientierungen, wie etwa den Verflechtungen internationaler Konzerne oder von Warenströmen, bis zu Infrastruktur- oder Informationsnetzen. Besonders das Interesse an und das Engagement der für Regionalplanung verantwortlichen Institutionen der Europäischen Union für Städtenetze lösten in den letzten Jahren eine thematische Abkehr von der Zentralitätsforschung aus, auch wenn namhafte Regionalwissenschafter wie BLOTEVOGEL auf die ungerechtfertigte Polarisierung der beiden Forschungsansätze hinweisen und zwischen Städtenetzen und zentralörtlichen Hierarchien weniger einen Widerspruch als Komplementarität sehen (BLOTEVOGEL 1996b: 649f.).

Die Generaldirektion XVI der Europäischen Kommission veröffentlichte 1992 einen Bericht über „European Cooperation Networks" und definierte darin folgende Arten von Städtenetzen:

1. *Funktionale Netze* auf der Ebene von Regionen, Staaten oder in Gesamteuropa, die zum Teil hierarchisch strukturiert sind und von der Versorgung der Bevölkerung mit Gütern des täglichen Bedarfs bis zu besonderen ökonomischen, kulturellen oder sozialen Funktionen reichen;

2. *Physische Netze* als Verbindungen zwischen Städten in Form von Straßen, Bahnen, Fluglinien, Wasserstraßen, der Energieversorgung oder der Telekommunikation;

3. *Kooperative und strategische Netze* in der Form des Informationsaustausches und der Projektkooperationen zwischen Städten;

4. *Kommunikative Netze* als Ausdruck des Beziehungsgefüges zwischen Entscheidungsträgern innerhalb einer Stadt.

Mittlerweile wurde der Begriff auf die regionalplanerische Relevanz eingeschränkt (PRIEBS 1996) und funktionale und strategische Netze in den Mittelpunkt gestellt. Als funktionales Netz gilt ein System von Städten in einem Raum, die in vielfältiger Weise funktional miteinander verknüpft sind (KUNZMANN 1995). Bei strategischen Städtenetzen handelt es sich um Allianzen, die potentiell auf Dauer angelegt sind und dazu dienen, netzinterne Vorteile zu erreichen, die gemeinsame Position nach außen zu verbessern, raumordnungspolitische Ziele zu erreichen und deren Finanzierung sicherzustellen (PRIEBS 1996). In diesem Kontext scheint besonders die Untersuchung von Städten interessant, die sich intra- oder interregional zusammenschließen und einen gemeinsamen raumstrukturellen Bezug besitzen. Hierin liegt auch eine Chance für die Städte im Alpenraum.

5 Zukünftige Forschungsfragen

Unter der Prämisse der außerordentlichen regionalen Bedeutung der Klein- und Mittelstädte des Alpenbogens als Versorgungszentren inmitten stark verzweigter Einzugsbereiche ist die Zentrale-Orte-Theorie im Rahmen des Forschungsvorhabens nicht grundsätzlich in Frage zu stellen. Funktionsspezialisierungen, die im Rahmen europäischer Raumentwicklungskonzepte für Städte als wünschenswert angesehen werden, sind für die alpine Stadt aufgrund ihrer spezifischen Lage- und Versorgungsparameter eher nicht zu erwarten. Die zentralörtliche Funktion der Alpenstädte muß nicht notwendigerweise im Widerspruch zur grenzüberschreitenden Kooperation im Sinne von Vernetzung stehen, doch werden dadurch die Positionen als Versorgungszentren viel weniger in Frage gestellt, als dies z.B. bei norddeutschen Städten der Fall ist.

Für eine weitere Beschäftigung mit den Städten im Alpenraum stellen sich u.a. folgende zentrale Forschungsfragen:

– Aufgrund der Spezifika von Lage und Einzugsbereich erscheint es angebracht, das Konzept der Zentralen Orte den *veränderten Grundbedingungen der Wirtschaft* (Verkehrsverhalten und Mobilität, Strukturwandel des Tertiären Sektors und Wachstum im Quartären Bereich, wesentliche Fortschritte der Telekommunikation) in den alpinen Städten zu überprüfen und ggf. anzugleichen. Falls erforderlich, müssen die Veränderungen innerhalb der Hierarchie alpiner Versorgungszentren sichtbar gemacht werden. Erste Anzeichen weisen bereits darauf hin, daß sich zumindest in den hochrangigen Zentren (Landeshauptstädte) der Schritt zur Internationalisierung im Warenangebot und auf dem Büroimmobiliensektor zu vollziehen scheint. Der Beantwortung der Frage, inwieweit diese Tendenzen bereits räumliche Muster hinterlassen haben bzw. auf welche Ebene der zentralörtlichen Hierarchie sie diffundieren, wird eine wichtige Aufgabe für die Zukunft sein.

– Die Europäisierung und Globalisierung machen auch die Neudefinition von Städtenetzen nötig. Dazu muß die *Herauslösung der österreichischen Alpenstädte aus dem engen nationalen Kontext* vollzogen und ihre funktionale Bedeutung an jenen Zentren gemessen werden, die aufgrund ihrer Lage im Hochgebirge und ihrer Ausstattung ähnliche Bedingungen zu bewältigen haben. Hier ist der Bezug zu den Alpenstädten Deutschlands, Italiens, der Schweiz und Frankreichs herzustellen und deren regionale Bedeutung mit den österreichischen Städten zu vergleichen.

– Schließlich scheint eine *Standortbestimmung der Alpenstädte innerhalb der internationalen Stadtentwicklung* erforderlich, zumal die Diskussion um Zentralräume europäischen Wirtschaftens im Rahmen einer Konzeption von verstärktem Wachstum in einer Zone zwischen London und Mailand große Teile des Alpenbogens wie selbstverständlich miteinbezieht. Die Brückenfunktion zwischen dem Verdichtungsraum, der von der Randstadt Holland über das Ruhrgebiet bis an den Oberrhein reicht und den Zentren des *Sunbelts* am Mittelmeer ist in einer Reihe von Konzeptionen zur europäischen Stadtentwicklung enthalten, doch steht eine konkrete Positionsbestimmung der alpinen Stadt im internationalen bzw. europäischen Rahmen erst am Beginn.

Literatur

AMBROISE, S., MAI, M. und V. REDAELLI, 1999. Les villes polycentriques transfrontalières, moyon d'une intégration ville-montagne. Revue de Géographie Alpine 87, 1: 91–98.

ANTALOVSKY, E. und A. KLOTZ, 1998. Städte im Rampenlicht europäischer Politik. Zeitschrift für Städtedialog 1/2: 2–8.

BAHRENBERG, G., 1985. Zur Anwendung der Theorie der Zentralen Orte in der Raumplanung. In: BLOTEVOGEL, H. H. und M. STRÄSSLER (Hg.). Aktuelle Probleme der Geographie. Festschrift für Erika Wagner. Duisburger Geographische Arbeiten 5. Köln: 15–35.

BÄTZING, W., 1991. Die Alpen – Entstehung und Gefährdung einer europäischen Kulturlandschaft. 4. Aufl. München: Beck.

BÄTZING, W., 1993. Der sozioökonomische Strukturwandel des Alpenraumes im 20. Jh. Geographica Bernensia P 26. Bern.

BÄTZING, W., 1996. Tourismus und nachhaltige Regionalentwicklung im Alpenraum. Geographische Rundschau 49/3: 145–151.

BÄTZING, W. 1999a. Die Alpen im Spannungsfeld der europäischen Raumordnungspolitik. Anmerkungen zum EUREK-Entwurf auf dem Hintergrund des aktuellen Strukturwandels im Alpenraum. Raumforschung und Raumordnung 57, 1: 3–13.

BÄTZING, W., 1999b. Bibliographie Alpenstädte. Revue de Géographie Alpine 87, 2: 201–231.

BÄTZING, W. 1999c. Versuch einer Synthese – Der Strukturwandel der Alpenstädte von Zentralen Orten zu Vorstädten europäischer Metropolen und die Zukunft der Alpen. Revue de Géographie Alpine 87, 2: 185–200.

BÄTZING, W. und P. MESSERLI (Hg.), 1991. Die Alpen im Europa der 90er Jahre: ein ökologisch gefährdeter Raum im Zentrum Europas zwischen Eigenständigkeit und Abhängigkeit. Geographica Bernensia, Reihe P, Geographie für die Praxis 22. Bern.

BAUER, M., 1999. Images des villes alpines chez les acteurs du tourisme. Revue de Géographie Alpine 87, 1: 131–142.

BEHRENS, G., 1991. Konsumentenverhalten: Entwicklung, Abhängigkeiten, Möglichkeiten. 2. Aufl. Heidelberg.

BLOTEVOGEL, H. H., 1986. Aktuelle Entwicklungstendenzen des Systems der Zentralen Orte in Westfalen. In: Erträge geographisch-landeskundlicher Forschung in Westfalen. Festschrift 50 Jahre Geographische Kommission für Westfalen. Westfälische geographische Studien 42: 461–479.

BLOTEVOGEL, H. H., 1996a. Zentrale Orte: Zur Karriere und Krise eines Konzeptes in Geographie und Raumplanung. Erdkunde 50: 9–25.

BLOTEVOGEL, H. H., 1996b. Zur Kontroverse um den Stellenwert des Zentrale-Orte-Konzepts in der Raumordnungspolitik heute. Informationen zur Raumentwicklung 10: 647–657.

BLOTEVOGEL, H. H., 1996c. Zentrale Orte: Zur Karriere und Krise eine Konzeptes in der Regionalforschung und Raumordnungspraxis. Informationen zur Raumentwicklung 10: 617–629.

BOBEK, H. und M. FESL, 1978. Das System der Zentralen Orte Österreichs. Eine empirische Untersuchung. Schriften der Kommission für Raumforschung der Österreichischen Akademie der Wissenschaften 3. Wien.

BOESCH, M., 1992. Alpenpolitik. Visionen und Wirklichkeit. In: JÜLG, F. (Hg.). Tourismus im Hochgebirge: Die Region Großglockner. Wiener Geographische Schriften 64. Wien: 115–127.

BOESCH, M., 1996. Gartenstadt Schweiz. Großdorf oder Metropole? Geographica Helvetica 51: 73–76.

BORCHERDT, C., 1989. Veränderungen im zentralörtlichen Gefüge. Beobachtungen und Erhebungen in Beispielsgebieten Südwestdeutschlands. In: HEYER, R. und M. HOMMEL (Hg.). Stadt und Kulturraum. Peter Schöller zum Gedenken. Paderborn: 88–96.

BORSDORF, A., 1993. Lebensstandard versus Lebensqualität. Bericht über ein Forschungsprojekt in Alpenstädten. Innsbrucker Jahresbericht 1991/92: 45–71.

BORSDORF, A., 1994. Einzelhandelsgeschäftsflächen in Innsbruck, Völs und Rum 1994. Bestandsaufnahme nach Zählbezirken, Branchen und Sortiment, Entwicklung 1976–1994. Innsbruck (Gutachten).

BORSDORF, A., 1996a. Lebensqualität in Alpenstädten. Eine Untersuchung für Innsbruck und Bregenz. In: CONTRO, R. (Hg.). Lebensqualität in Alpenstädten. Situation und Perspektiven der städtischen Lebensqualität unter besonderer Berücksichtigung des Zentralalpenraumes. Trient: 709–829.

BORSDORF, A., 1996b. Räumliche Entwicklungstendenzen des Tertiären Sektors in Tirol unter besonderer Berücksichtigung des Einzelhandels. Geographischer Jahresbericht aus Tirol 53: 63–82.

BORSDORF, A., 1997. Der Einzelhandel in Tirol: Räumliche Entwicklung und Raumordnung. Die Erde 128: 131–148.

BORSDORF, A. 1999a. Der „Wandel im Handel". Die Innsbrucker Konzeption eines Trade-monitoring-Systems. Die Erde 130, 1: 67–79.

BORSDORF, A. 1999b. Quality of life in alpine towns – with examples from Innsbruck and Bregenz. Revue de Géographie Alpine 87, 1: 163–169.

BORSDORF, A. und G. SCHÖFFTHALER, 1995. Auswirkungen des Verkehrskonzeptes auf den Tertiären Sektor der Stadt Innsbruck. Innsbruck (Gutachten).

BÖVENTER, E. v., 1962. Die Struktur der Landschaft. Versuch einer Synthese und Weiterentwicklung der Modelle J. H. v. Thünens, W. Christallers und A. Löschs. In: HENN, R., BAMBACH, G. und E. v. BÖVENTER (Hg.). Optimales Wachstum und optimale Standortverteilung. Berlin: 71–133.

CAMAGNI, R. P. und C. SALONE, 1993. Network urban structures in northern Italy: elements for a theoretical framework. Urban Studies 30: 1053–1064.

CATTAN, N., PUMAIN, D., ROZENBLATT C. und T. SAINT-JULIEN, 1994. Le Système des Villes européennes. Paris: Anthropos.

CHRISTALLER, W., 1933. Die Zentralen Orte in Süddeutschland. Eine ökonomisch-geographische Untersuchung über die Gesetzmäßigkeit der Verbreitung und Entwicklung der Siedlungen mit städtischer Funktion. Jena.

CHRISTALLER, W., 1950. Das Grundgerüst der räumlichen Ordnung in Europa. Die Systeme der europäischen zentralen Orte. Frankfurter Geographische Hefte 24, 1. Frankfurt/M.: Kramer.

COURLET, C., 1994. Industrie, territoire et politiques publiques. Paris: Harmattan.

DANZ, W. und S. ORTNER, 1993. Die Alpenkonvention. Eine Zwischenbilanz. München.

DEITERS, J., 1996. Ist das Zentrale-Orte-System noch zeitgemäß? Erdkunde 50: 26–34.

ELSASSER, H. (Hg.), 1987. Regionalisierung im Alpenraum. Zürich.

ELSASSER, H. (Hg.)., 1988. Kulturelle Vielfalt, regionale und örtliche Identität. Wien.

ELSASSER, H. et al., 1982. Nicht touristische Entwicklungsmöglichkeiten im Berggebiet. Zürich.

ELSASSER, H. und H. LEIBUNDGUT, 1987. Von der Berggebietspolitik zur Regional-politik. Entwicklungen und Ansätze der zeitgemäßen Neuordnung der Schweiz. Zeitschrift für Wirtschaftsgeographie 31: 65–73.

EUROPÄISCHE KOMMISSION (Hg.), 1996. European Sustainable Cities. Report by the Expert Group of the Urban Environment. Brussels: European Commission, DG XVI.

EUROPÄISCHE KOMMISSION (Hg.), 1998. Eurocities: Agenda 2000 and the Role of Cities, 1998. The Enlargement of the European Union and the Role of Cities (draft). Brussels.

EUROPÄISCHE KOMMISSION (Hg.),, 1998. Eurocities' Response to the Commission's Communication, 1998. „Towards an Urban Agenda in the European Union". Brussels.

FASSMANN, H. und E. LICHTENBERGER, 1997. Neue regionale Disparitäten in Öster-reich. Mitteilungen der Österreichischen Geographischen Gesellschaft 139: 101–118.

FESL, M. und H. BOBEK, 1983. Zentrale Orte Österreichs II. Ergänzungen zur Unteren Stufe: Neuerhebung aller Zentralen Orte Österreichs 1980/81 und deren Dynamik in den letzten zwei Dezennien. Beiträge zur Regionalforschung 4. Wien, Österreichische Akademie der Wis-senschaften.

FOURNY, M. C., 1999. Affirmation identitaire et politiques de réseau des villes alpines. Revue de Géographie Alpine 87, 1: 171–180.

FOURIER, J., 1994. Villes alpines en réseau: le Sillon alpin. Grenoble, Institut de Géogra-phie alpine.

FRANTZ, K., 1976. Die Innsbrucker Altstadt. Entwicklung, Bestand, Erneuerung. Disser-tation an der Universität Innsbruck.

GAIDO, L. 1999. Città alpine come poli di sviluppo nell'arco alpino. Revue de Géographie Alpine, 87, 2: 105–123.

GEBHARDT, H. 1996. Zentralitätsforschung – ein „Alter Hut" für die Regionalforschung und Raumordnung heute? Erdkunde 50, 1: 1–8.

GIESE, E., 1996. Die Einzelhandelszentralität westdeutscher Städte. Ein Beitrag zur Me-thodik der Zentralitätsmessung. Erdkunde 50: 46–59.

GRIMM, F.-D., 1994. Zentrensysteme als Träger der Raumentwicklung in Mittel- und Ost-europa. Beiträge zur Regionalen Geographie 37.

HARD, G. 1985. Vegetationsgeographie und Sozialökologie einer Stadt. Ein Vergleich zweier Stadtpläne am Beispiel von Osnabrück. Geographische Zeitschrift 73: 125–144.

HASSE, J. 1993. Ästhetische Rationalität und Geographie. Wahrnehmungsgeographische Studien zur Regionalentwicklung 12. Oldenburg.

HEINRITZ, G., 1979. Zentralität und zentrale Orte. Eine Einführung. Teubner Studienbü-cher der Geographie, Stuttgart.

HEINRITZ, G., 1985. Standorte und Einzugsbereiche tertiärer Einrichtungen: Beiträge zu einer Geographie des tertiären Sektors. Darmstadt: Wissenschaftliche Buchgesellschaft.

KAMINSKI, G. 1989. Das Alltagsleben in städtischen Lebensräumen unter ökologisch-psychologischer Perspektive. Berichte aus dem Psychologischen Institut der Universität Tübingen 29. Tübingen.

KECKSTEIN, V., 1999. Kleinstädte und Marktgemeinden zwischen Urbanität und Zersiedelung. Revue de Géographie Alpine 87, 2: 89–104.

KOSCHITZ, P., 1993. Die Theorie der Zentralen Orte: Dummheit oder Methode? DISP 113: 45–63.

KULKE, E., 1992. Veränderungen in der Standortstruktur des Einzelhandels. Untersucht am Beispiel Niedersachsen. Wirtschaftsgeographie 3. Münster – Hamburg.

KUNZMANN, K., 1995. Strategische Städtenetze in Europa: Mode oder Chance? In: KARL, H. (Hg.). Regionalentwicklung im Prozeß der europäischen Integration. Bonn: Europa Union Verlag: 165–183.

LACKNER, W., 1992. Städteranking und kommunale Wirtschaftsförderung. Karlsruhe, Institut für Städtebau und Landesplanung der Universität Karlsruhe.

LICHTENBERGER, E., 1976. Der Massentourismus als dynamisches System: das österreichische Beispiel. In: Tagungsberichte und wissenschaftliche Abhandlungen des 40. Deutschen Geographentages, Innsbruck 1975: 673–695.

LICHTENBERGER, E., 1995a. Die Sukzession von der Agrar- zur Freizeitgesellschaft in den Hochgebirgen Europas. In: LICHTENBERGER, E. Gelebte Interdisziplinarität. Ausgewählte Schriften geographischen Forschens, herausgegeben von H. FASSMANN. Beiträge zur Stadt- und Regionalforschung, Band 14. Wien: Österreichische Akademie der Wissenschaften: 209–254.

LICHTENBERGER, E. 1995b. Restrukturierung und Monetarisierung des Siedlungssystems. Mitteilungen der Österreichischen Geographischen Gesellschaft 137: 349–364.

LICHTENBERGER, E., 1996. Der Dualismus des Tertiären Sektors in Österreich: Einzelhandel und Spitäler im Zentralörtlichen System. Mitteilungen der Österreichischen Geographischen Gesellschaft 138: 35–52.

LICHTENBERGER, E., 1997. Österreich (= Wissenschaftliche Länderkunden). Darmstadt: Wissenschaftliche Buchgesellschaft.

MESSERLI, P., 1989. Mensch und Natur im alpinen Lebensraum. Risiken, Chancen, Perspektiven. Zentrale Erkenntnisse aus dem schweizerischen MAB-Programm. Stuttgart.

MESSERLI, P., 1992. Die Zukunft der Alpen in Europa. Geographische Rundschau 44, 7–8: 409–415.

MESSERLI, P., 1999. Sind die Städte in den Alpen besondere Städte? Revue de Géographie Alpine 87, 2: 65–76.

MEUSBURGER, P., 1975. Rattenberg und Hall als Inn-Salzach-Städte. In: LEIDLMAIR, A. (Hg.). Tirol – ein geographischer Exkursionsführer. Innsbrucker Geographische Studien 2: 89–111.

MITSCHERLICH, A., 1965. Die Unwirtlichkeit der Städte. Anstiftung zum Unfrieden. Frankfurt/M.

PAAL, M., 1999a. La ville alpine dans le système des lieux centraux. Revue de Géographie Alpine 87, 1: 153–162.

PAAL, M. 1999b. Europa der Metropolen. Tertiärisierung und Spezialisierungstendenzen in europäischen Agglomerationsräumen. Habilitationsschrift zur Erlangung der Venia legendi an der naturwissenschaftlichen Fakultät der Universität Innsbruck.

PALME, G., 1995a. Divergenz regionaler Konvergenzclubs. WIFO-Monatsberichte 68, 12: 769–781.

PALME, G., 1995b. Struktur und Entwicklung österreichischer Wirtschaftsregionen. Mitteilungen der Österreichischen Geographischen Gesellschaft 137: 393–416.

PERLIK, M., 1998. Städte und Agglomerationen im Alpenraum. Raum 30: 35–38.

PERLIK, M. 1999a. Processus de périurbanisation dans les villes des Alpes. Revue de Géographie Alpine 87, 1: 143–152.

PERLIK, M., 1999b. Alpen, Städte und Europa. Die Alpenstädte als Teil des europäischen Städtenetzes. Revue de Géographie Alpine 87, 2: 23–36.

PERLIK, M. 1999c. Urbanisationszonen in den Alpen – Ergebnis wachsender Pendeldistanzen. Revue de Géographie Alpine 87, 2: 147–166.

PERLIK, M. und A. KÜBLER (Hg.), 1998. Das Städtische und die Alpenkonvention. Dokumentation der Ergebnisse des Pilotprojektes „Alpenstadt des Jahres Villach 1997". Villach.

PRIEBS, A., 1995. Zentrale Orte unterer Stufe und Stadtrandkerne in Verdichtungsräumen. In: MÜLLER, B. (Hg.). Kleinzentren im Umland von Großstädten. Dresden: 17–35.

PRIEBS, A., 1996. Städtenetze als raumordnungspolitischer Handlungsansatz – Gefährdung oder Stütze des Zentrale-Orte-Systems? Erdkunde 50: 35–45.

PUMAIN, D., 1999. Quel rôle pour les villes petites et moyennes de régions périphériques? Revue de Géographie Alpine 87, 2: 167–184.

PUMAIN, D. und T. SAINT-JULIEN, 1995. L'Espace des Villes. In: BRUNET R. und F. AURIAC (Hg.). Atlas de France. Volume 12. Paris: La Documentation Française.

RACINE, J.-B., 1999. Introduction. – La villa alpine entre flux et lieux, entre pratiques et représentations. Revue de Géographie Alpine 87, 1: 111–118.

RAFFESTIN, C., 1999. Un enjeu europopéen: vivre, penser, imaginer les Alpes. Revue de Géographie Alpine 87, 1: 21–32.

RÖSCHEL, G., 1999. Erreichbarkeit der Städte im Alpenraum. Revue de Géographie Alpine 87, 2: 77–88.

RUPPERT, K., 1993. Die Alpen. Europäische Kulturlandschaft im Blickfeld konkurrierender Interessen. In: RUPPERT, K. (Hg.). Europa. Neue Konturen eines Kontinentes. München: 259–277.

STARK, J., 1995. Die Klassifikation der deutschen Städte nach ihrer regionalen Zentralität. Frankfurt/Main – Wien: Lang.

STAUDACHER, Ch., 1991. Dienstleistungsgeographie. Raumstruktur und räumliche Prozesse. Eine Einführung in die Dienstleistungsgeographie. Wien: Service Fachverlag.

STAUDACHER, Ch., 1993. Standortnetze – Netzstandorte. Zur Ambivalenz von Standort-strategie und Raumstruktur. Nürnberger Wirtschafts- und Sozialgeographische Arbeiten 46: 47–91.

STIENS, G., 1990. Zur Notwendigkeit der Abkehr vom herkömmlichen Zentrale-Orte-Konzept in der Raum- und Infrastrukturplanung. In: HENKEL, G. (Hg.). Schadet die Wissen-schaft dem Dorf? Essener Geographische Arbeiten 22. Paderborn: 89–109.

STIENS, G., 1996. Zentrale Orte im Wandel der Anforderungen. Informationen zur Raum-entwicklung 10: 617–712.

STRASSEL, J. 1998. Orte der Geschichte. Zur Semantik des gestalteten Raumes. Die Erde 129, 2: 159–172.

TORRICELLI, G. P., 1999. Les villes des Alpes suisses. Eléments pour une typologie du changement dans les années 1990. Revue de Géographie Alpine 87, 2: 123–146.

WALDHAUSEN-APFELBAUM, J. und R. GROTZ, 1996. Entwicklungstendenzen der in-nerstädtischen Zentralität – Das Beispiel Bonn. Erkunde 50: 60–75.

WEICHHART, P., 1996. Das System der Zentralen Orte in Salzburg und angrenzenden Gebieten Oberösterreichs und Bayerns: Grundlagenstudie für das Sachprogramm „Versor-gungsinfrastruktur". Salzburg, Salzburger Institut für Raumordnung und Wohnen.

WERLEN, B., 1995. Sozialgeographie alltäglicher Regionalisierungen 1: Zur Ontologie von Gesellschaft und Raum. Erdkundliches Wissen 116. Stuttgart.

WIEDEMANN, U., 1995. Europäische Städtenetzwerke. Ausgewählte Beispiele. Berlin, Institut für Urbanistik, Materialienband 15.

ZUM FORSCHUNGSSTAND: ALPENSTÄDTE

Sabine Hohendorf

Die aktuelle Forschung bezieht sich auf Fragen nach der Besonderheit der Alpenstädte. *Wodurch zeichnet sich diese Besonderheit aus und besteht sie überhaupt? Wo liegen die speziellen Probleme? Welche Chancen bzw. Risiken entstehen daraus für die weitere Entwicklung?*

Diese Grundfragen lassen sich weiter konkretisieren, womit ein genaueres Bild der Forschungen vermittelt werden soll.

Die folgende Arbeit entstand in Anlehnung an die von BÄTZING (1999a) veröffentlichte Bibliographie. Die von ihm vorgenommene regionale Gliederung der Arbeiten wurde aufgehoben und auf einzelne Städte bezogene Veröffentlichungen weggelassen. Die Bibliographie weist nunmehr eine Sortierung nach Autoren auf. Dafür steht ihr eine Darstellung der aktuellen Forschungsthemen voran.

1 Beiträge zur Entwicklung der Alpenstädte

Zunächst die historische Dimension. *Verläuft die Entwicklung der Alpenstädte anders als in anderen Regionen? Wie kann man die Bevölkerungsentwicklung dieser Städte erklären?*

Die *Geschichte der Alpenstädte* ist seit der Besiedlung der Alpen erforscht und dargestellt. MATHIEU ist mit seinen Veröffentlichungen von 1996 und 1998 der aktuellste Bearbeiter. Er beschreibt zudem den langen Zeitraum von 1500 bis 1800.

Die Zeit des Umbruchs von der traditionellen Agrargesellschaft mit ihren Mittelpunktsiedlungen über die Industrialisierung und den Aufschwung des Tourismus bis zum Übergang zur Tertiärisierung wird derzeit bemerkenswerterweise jedoch kaum beforscht. Die wissenschaftlichen Interessen konzentrieren sich auf die Entwicklungen ab Mitte der 80er Jahre und die weiteren Möglichkeiten der Stadtentwicklung in den Alpen, also auf Szenarien, wie eine nachhaltige Stadtentwicklung aussehen könnte und welche Voraussetzungen dafür erfüllt sein müssen.

Die Frage nach der *räumlichen Abgrenzung* der Alpen stellt sich spätestens dann, wenn die Forschungstätigkeit nationale Grenzen überschreitet und der gesamte Alpenraum betrachtet wird. Ein Beispiel hierfür ist PERLIK (1999c) mit seiner Arbeit zu den Agglomerationsräumen. Er stützt sich auf die Definition der Alpenkommission und erweitert sie um die Abgrenzung von BÄTZING et al. (1993).

Bekannt ist, daß die Städte in den Alpen bei gleicher Funktion kleiner sind als außerhalb und daß es im Geltungsbereich der Alpenkonvention keine Metropolen gibt.
Bei den Alpenstädten handelt es sich also vor allem um *Klein- und Mittelstädte.* Die
weitere Spezifizierung folgt nach MESSERLI (1999) aus den Lage- und Netzwerkpara-
metern, aus der Größe und den politisch territorialen Einflüssen. Gemäß TORRICELLI
(1999) kommt noch der Faktor des Sprachraums als Ursache für die Unterschiede
zwischen den Alpenstädten hinzu.

Für die grundsätzliche Entwicklungsdynamik der Alpenstädte wird aber allgemein
angenommen, daß die prägenden Prozesse dieselben sind wie für Städte in den anderen europäischen Regionen. Der Unterschied besteht nur darin, daß die Alpenstädte
einem Time-lag unterliegen.

Die *Bevölkerungsentwicklung* ist in ihrer Dynamik derjenigen in außeralpinen
Räumen ähnlich. Aber seit Mitte der 80er Jahre fällt ein überdurchschnittliches
Wachstum der Bevölkerungszahl in den Alpenstädten auf. Dieses Phänomen wurde
zuletzt von TORRICELLI (1999) bearbeitet, da aber empirische Untersuchungen zu den
Migrationsbewegungen bisher noch fehlen, beschränkt sich die Erkenntnis auf die
Stellung der schweizerischen Städte im Städtesystem.

2 Lagefaktoren, Verkehr, Mobilität und Innovationsfähigkeit

*Welchen Einfluß haben naturräumliche Gegebenheiten auf Lage und Ausdehnung
der Alpenstädte, auf den Verkehr, die Mobilität und damit die Innovationsfähigkeit
der Städte?*

Klar ist der Einfluß des Reliefs auf *Lage* und Ausdehnung der Städte. Sie können
sich nur in Tallagen entwickeln und sind dadurch gleichzeitig in ihrer räumlichen Dimension begrenzt. Daraus ergibt sich die Erklärung für die relative Kleinheit der Alpenstädte trotz ihrer nach dem CHRISTALLERschen Modell hohen Hierarchiestufe.

Die weiteren Faktoren Verkehr, Mobilität und Innovationsfähigkeit liegen wiederum eng beieinander. Sie werden von RÖSCHEL (1999) als *Erreichbarkeit* thematisiert,
in dem Sinne, daß er Mobilität als Überwindung von sozialen, kulturellen, geistigen
und räumlichen Grenzen definiert, die soziale und kulturelle Mobilität aber aus seiner
Arbeit ausklammert. Ziel der Forschung ist ein Konzept einer nachhaltigen Verkehrsentwicklung. Gleichzeitig weist er auf die Schwierigkeiten hin, die sich aus dem Gegensatz zwischen Erreichbarkeit als Chance mit der Notwendigkeit von Innovationen
und der Gefahr der Übererschließung (siehe auch BÄTZING 1999b) in Form von Be-
deutungsverlust ergeben.

Der im Alpenraum entstehende Verkehr hat nach RÖSCHEL drei Quellen. Als erste
ist die einheimische Bevölkerung zu nennen, welche für den größten Teil des Ver-
kehrsaufkommens verantwortlich ist, die zweite ist der Verkehr, der durch den Tou-

rismus (als Binnen-, Ziel- und Quellverkehr) entsteht, und als dritte Quelle führt RÖSCHEL den Durchgangsverkehr durch den Alpenraum an.

Die Fähigkeit zur *Innovation* hängt grundsätzlich von den Lagefaktoren und der Erreichbarkeit ab, aber auch davon, was die Alpenstädte aus ihrem vorhandenen Potential machen.

Nach PUMAIN (1999) kommt zu den genannten Faktoren der flächenhafte Zugang zu modernen Kommunikationsmitteln hinzu, so daß die Städte ihre Funktion als Entwicklungspol im Sinne von GAIDO (1999) auch für das Umland wahrnehmen können.

Auf die Bedeutung der *Stadt-Umland-Beziehungen* gehen alle Autoren ein, die sich mit der Städtehierarchie beschäftigen. Dabei kristallisiert sich heraus, daß diese Beziehungen von großer Bedeutung für die weitere Entwicklung der Alpenstädte sind. Die Alpenstädte dienen innerhalb dieser Beziehungen als Entwicklungspol für das Umland. Diese Funktion als Entwicklungspol ist wiederum bedeutungsstiftend für die Alpenstadt selbst, insofern als sie eine Chance darstellt, das innerhalb der Agglomerationszonen drohende Absinken in die Bedeutungslosigkeit abzuwenden.

3 Zentralitätsforschung im Alpenraum

Wie nehmen die Alpenstädte ihre städtischen Funktionen wahr? Sind sie noch als Zentrale Orte zu verstehen oder – vor allem vor dem Hintergrund, daß es sich vorwiegend um Klein- und Mittelstädte handelt – schon eher als Agglomerationen mit Kernstadt und Agglomerationszone?

In welcher Beziehung stehen die Alpenstädte zueinander? Sind sie, eingebunden in die bestehenden Strukturen der Städtehierarchie als Zentrale Orte, bedeutungslos, weil von randalpinen Metropolen beeinflußt, oder bilden sie eigene Netzwerke und stützen einander damit gegenseitig?

Die Forschung zu CHRISTALLERs Modell der *Zentralen Orte* erstreckt sich räumlich über den gesamten Alpenraum und ist noch immer aktuell, auch wenn die Forderung nach einer Anpassung an aktuelle Strukturen laut wird (PAAL 1999). Daneben etablierte sich die Forschung zu Klein- und Mittelstädten (VEYRET und VEYRET-VERNER in den 60er Jahren) insofern, als sie in den Alpen Funktionen tragen, die im außeralpinen Raum nur größere Städte erfüllen. Dieser Zweig der Forschung konzentriert sich allerdings auf den französischsprachigen Raum.

Aus den Zentralen Orten entwickeln sich, beeinflußt durch die außeralpinen Metropolen, nach GAIDO Entwicklungspole für die alpinen Regionen. PUMAIN betont in ihren Arbeiten die nach wie vor herrschende Dominanz der Städtehierarchie noch vor der Vernetzung in und zwischen Agglomerationen und einzelnen Städten.

Agglomerationsräume werden nach PERLIK durch die Pendlerströme zwischen Kernstadt und Agglomerationsgemeinden abgegrenzt. Diese Pendlerströme ergeben sich aus der funktionalen Verflechtung im Agglomerationsraum, der auch als Urbanisationszone bezeichnet wird, beziehungsweise machen die Verflechtungen sichtbar.

Die Agglomeration ist somit ein Indikator für die ökonomische Stärke einer Region. Soweit PERLIK (1999c) in seiner Publikation „Urbanisationszonen in den Alpen – Ergebnis wachsender Pendeldistanzen", in der er zum ersten Mal für den gesamten Alpenraum eine Abgrenzung von Agglomerationen nach einheitlichen Kriterien vornimmt und die Periurbanisierung als Indikator für die weiteren Entwicklungschancen einer Alpenstadt bezeichnet, wobei diese wiederum die Verkehrsentwicklung in den Alpen mitbeeinflußt (siehe auch RÖSCHEL 1999).

4 Urbanisierungsprozesse in Alpenstädten

Verlaufen die Prozesse der Urbanisierung, Suburbanisierung und Periurbanisierung in ähnlicher Weise wie in außeralpinen Räumen? Welche Faktoren beeinflussen diese Prozesse?

Ist *Urbanität* eine Kategorie, um Städte zu charakterisieren oder gar zu typisieren? KECKSTEIN (1999) definiert Urbanität in der Einleitung ihrer Arbeit „Kleinstädte und Marktgemeinden zwischen Urbanität und Zersiedelung" als Dichte von Funktion und Bebauung. Diese Indikatoren finden sich auch bei Klein- und Mittelstädten, so daß man in bezug auf die Alpenstädte von Urbanität sprechen kann.

Suburbanisierung wird von BÄTZING (1999b) als eine Form des Strukturwandels in den Alpen bezeichnet. Sie zeigt sich in Form der Nutzung der Alpentäler für die Funktionen Arbeiten und Wohnen entlang von Autobahnen, also gut erschlossenen Tälern. Des weiteren ist die starke Bodenversiegelung durch die Bebauung charakteristisch für den verdichteten suburbanen Raum.

Der Begriff *Periurbanisierung* findet vor allem in der Schweiz und Frankreich Verwendung. PERLIK (1999c) definiert ihn wie folgt: „Periurbanisierung bezeichnet die weitere Ausdehnung des städtischen Einflußbereiches auf Gemeinden, die sich baulich deutlich von der Stadt abgrenzen lassen. Diese Gemeinden behalten noch längere Zeit zumindest teilweise eine ländliche Prägung und bleiben durch landwirtschaftliche Zonen und Freizeitflächen vom herkömmlichen Agglomerationsbereich getrennt; sie sind durch leistungsfähige Verkehrsverbindungen und eine hohe Pendlerquote mit den übrigen Gemeinden der Agglomeration verbunden."

5 Nachhaltige Entwicklung der Alpenstädte?

Wie kann eine nachhaltige Entwicklung der Alpenstädte aussehen und welche Chancen ergeben sich daraus?

BÄTZING (1999b) stellt die Leitidee der *ausgewogenen Doppelnutzung* auf, um einen möglichen Weg zur nachhaltigen Entwicklung aufzuzeigen. „Ausgewogene Doppelnutzung" meint die „ausgewogene Balance zwischen endogenen und exogenen

Nutzungsinteressen, die sich wechselseitig stützen und fördern, anstatt sich zu konkurrenzieren, und die gemeinsam eine Gesamtverantwortung für eine nachhaltige Entwicklung wahrnehmen". Diese Leitidee entspricht genau dem Gegenteil dessen, was TORRICELLI (1999) im selben Band als aktuelle Entwicklung der Alpenstädte darstellt. Zum einen die Orientierung der randalpinen Städte zu den außeralpinen Agglomerationen hin und die „relativ autonome Entwicklung" der inneralpinen Städte.

BORSDORF führte mit seinen Arbeiten (1992, 1999a und b) den Begriff der *Lebensqualität* in die Forschung zu Alpenstädten ein. Es stellte sich heraus, daß dieser ein Indikator für sehr subjektive Wahrnehmungen ist, der von vielen persönlichen Faktoren abhängt, aber auch sehr eng mit dem Vorhandensein einer regionalen Identität zusammenhängt, die, um eine nachhaltige Entwicklung zu ermöglichen, gestärkt werden muß.

6 Räumliche Entwicklungs- und Forschungsschwerpunkte

Das Forschungsprojekt G.I.N.C.O. I (G für Grenoble, I für Innsbruck, N für Nagano, C für Chambéry, O für Others) wurde mit dem Ziel, die Bedeutungszusammenhänge zwischen Stadt und physischer Umgebung, in diesem Falle dem Gebirge, darzustellen, als interdisziplinäres (Literatur, Geographie, Kunstgeschichte, Stadtplanung, Architektur und Politologie) und internationales (Beteiligte aus Frankreich, Japan, Italien, Österreich und der Schweiz) Projekt ins Leben gerufen. Die Koordination des Programms lag während der vierjährigen Laufzeit (1995–1998) in den Händen von SIGANOS (Grenoble, Univ. Stendhal) (1999). Im Anschluß wurde G.I.N.C.O. II, von dem bisher aber noch keine Ergebnisse vorliegen, unter der Leitung von FOURNY initiiert.

In Bern wurde das Projekt „Sozio-ökonomischer Strukturwandel alpiner Städte und Agglomerationsräume" von PERLIK betreut. Es lief mit Ende des Jahres 1999 aus.

Bibliographie

Die nachstehend angeführte Bibliographie basiert auf der Veröffentlichung von BÄTZING (1999a) und wurde um neuere Arbeiten ergänzt. Folgende Abkürzungen wurden verwendet:

CIPRA = Internationale Alpenschutzkommission

DISP = Dokumente und Informationen zur Schweizerischen Orts-, Regional- und Landesplanung (Zürich)

RGA = Revue de Géographie Alpine (Grenoble)

ADAMO, F., 1975. Città e sistemi urbani dell´Austria alpina. Torino.

ADAMO, F., 1988. Le Alpi e l´integrazione urbana dell´Europa communitaria. Actes du Colloque de Saint-Vincent 1: 164–173.

AGNELLI, U., HAEGI, C. und A. MERIEUX (Hg.), 1997. Diamant Alpin: Genève – Lyon – Turin. Genève – Torino.

ANLIKER, R., HOHERMUT, S., MEIER, H. P. und P. NEF, 1982. Zwischen Zentrum und Hinterland. Probleme, Interessen und Identitäten im Querschnitt durch die Regionstypen der Schweiz. Diessenhofen.

ARCHAMBEAU, Y., BIGNONG, J. und D. DUSSOULS, 1976. Le moyen Grésivaudan. Un type d´espace peri-urbain. Grenoble.

ARMAND, G., 1974. Villes, centres et organisation urbaine des Alpes du Nord. Le passé et le présent. Grenoble.

ARMAND, G., VEYRET, G. und P. VEYRET, 1966. L´organisation de l´espace urbain dans les Alpes du Nord. Contribution à l´étude des problémes de régionalisation. RGA 54: 5–72.

ATZ, H., 1985. Arbeitsmarkträume und funktionale Kleinregionen. Eine Abgrenzung von Analyseräumen für die Regionalstatistik und die regionale Wirtschaftspolitik anhand der Berufspendlerströme. Bozen.

AYDALOT, Ph., 1985. Le développement de la périurbanisation en France. DISP 80: 84–89.

BÄCHTOLD, H. C., 1981. Die Entwicklung der Regionen, Agglomerationen und Städte der Schweiz (1950–1978). Zürich.

BÄR, H. R., BRASSEL, K., HERZOG, A., KELLER, A. und M. SCHULER, 1989. Karten zur Charakterisierung der Agglomerationen der Schweiz. Geoprocessing-Reihe 14. Zürich.

BÄTZING, W., 1997. Alpenstadt und nachhaltige Entwicklung – Widerspruch oder gegenseitige Aufwertung? Alpen – Gemeinde – Nachhaltigkeit. CIPRA-Schriften 15: 21–27.

BÄTZING, W., 1998. Der Alpenraum zwischen Verstädterung und Verödung. Praxis Geographie 2: 4–9.

BÄTZING, W., 1999a. Bibliographie Alpenstädte. RGA 87, 2: 201–231.

BÄTZING, W., 1999b. Synthese: Der Strukturwandel der Alpenstädte von Zentralen Orten zu Vorstädten europäischer Metropolen und die Zukunft der Alpen. RGA 87, 2: 185–199.

BÄTZING, W. et al., 1993. Der sozio-ökonomische Strukturwandel des Alpenraumes im 20. Jahrhundert. Geographica Bernensia P 26. Bern.

BÄTZING, W., BOLLIGER, M. und M. PERLIK, 1996. Städtische und ländliche Regionen in den Alpen. Definition und Abgrenzung mittels des OECD-Indikators „Bevölkerungsdichte" und seine methodische und inhaltliche Bewertung. Berichte zur deutschen Landeskunde 70: 479–502.

BÄTZING, W., DEKLEVA, M. und M. PERLIK, 1996. Urbanization and depopulation in the Alps. Mountain Research and Development 16: 335–350.

BÄTZING, W., MESSERLI, P. und M. PERLIK, 1995. Regionale Entwicklungstypen. Analyse und Gliederung des schweizerischen Berggebietes. Beiträge zur Regionalpolitik 3. Bern.

BÄTZING, W. und M. PERLIK, 1998. Le Alpi tra urbanizzazione e spopolamento. In: SCARAMELLINI, G. (Hg.). Montagne a confronto – Alpi e Appennini nella transizione attuale. Torino: 119–154.

BAILLY, A., CUNHA, A. und J.-B. RACINE, 1990. Le développement économique territorial. Lieaux foyers et lieux clés. In: RACINE, J.-B. und C. RAFFESTIN (Hg.). Nouvelle Géographie de la Suisse et des Suisses. Lausanne: 477–498.

BARBIER, B., 1964. Les centres élémentaires à fonctions urbaines des Alpes du Sud. Méditerranée 4: 299–313.

BARBIER, B., 1969. Villes et centres des Alpes du Sud. Etude du réseau urbain. Gap.

BARBIER, J., 1984. Les villes – un espoir pour les régions de montagne? In: BRUGGER, E. et al. (Hg.). Umbruch im Berggebiet. Bern: 1011–1020.

BARTALETTI, F., 1977. Le piccole città italiane. Pubblicazioni dell'Instituto di Scienze Geografiche dell'Università di Pisa 24: 69.

BARTALETTI, F., 1980. Il complesso urbano franco-monegasco. Studi e Ricerche di Geografia (Genova) 3, 1: 81–99.

BARTALETTI, F., 1992. Principi e metodi per la delimitazione delle aree metropolitane. Studi e Ricerche di Geografia (Genova) 15: 80–100.

BARTALETTI, F., 1996. Le aree metropolitane. Modifiche ai criteri di delimitazione e situazione in base ai dati censuari del 1991. RGA 53: 155–189.

BARTALETTI, F., 1998. L'urbanizzazione nelle Alpi italiane. Studi e Ricerche di Geografia (Genova) 21: 115–146.

BASSAND, M., JOYE, D., NEF, R. und M. SCHULER, 1988. Typologie der Gemeinden der Schweiz. Ein systematischer Ansatz nach dem Zentren-Peripheriemodell. Amtliche Statistik der Schweiz 154. Bern.

BASSAND, M., JOYE, D. und M. SCHULER, 1988. La urbanisation de la Suisse: faits et perspectives. Agglomerationsprobleme in der Schweiz. Bern.

BAUER, M., 1999. Images des villes alpines chez les acteurs du tourisme. RGA 87, 1: 131–142.

BAUMGARTNER, F. und C. MUGGLI, 1987. Siedlungsstruktur Schweiz – Stand und Entwicklung der räumlichen Konzentration von Bevölkerung und Wirtschaft. Materialien zur Raumplanung. Bern.

BIANCHINI, F.-L., 1992. Monaco. Une affaire qui tourne. Paris.

BIRKENHAUER, J., 1979. Untersuchungen zur Zentralität von Städten im Bereich der französischen Alpen. Regio Basiliensis 20: 109–132.

BLEYER, B., 1994. Wirtschaftsstandort Region München. Strukturwandel eines dynamischen Metropolraums. Mitteilungen der Geographischen Gesellschaft München 79: 179–210.

BOBEK, H. und M. FESL, 1978. Das System der Zentralen Orte Österreichs. Eine Empirische Untersuchung. Schriften der Kommission für Raumforschung der Österreichischen Akademie der Wissenschaften 3. Wien.

BOBEK, H. und A. HOFMAYER, 1981. Gliederung Österreichs in wirtschaftliche Strukturgebiete. Beiträge zur Regionalforschung 3. Wien.

BODZENTA, E., 1959. Innsbruck. Eine sozialökologische Studie. Mitteilungen der Österreichischen Geographischen Gesellschaft 101. Wien: 323–360.

BOESCH, M., 1982. Zur Bestimmung von Verdichtungsräumen in der Schweiz. ARL-Beiträge, Studien zur Abgrenzung von Agglomerationen in Europa 58. Hannover: 367–383.

BOESCH, M., 1992. Alpenpolitik – Vision und Wirklichkeit. Wiener Geographische Schriften 64: 115–127.

BOESCH, M., 1996. Gartenstadt Schweiz – Großdorf oder Metropole? Geographica Helvetica 51, 2: 73–76.

BOESCH, H. und P. HOFER, 1963. Villes suisses à vol d´oisieau. Bern.

BÖSIGER, K., 1956. Siedlungsgeographie der Talschaft von Schwyz. Winterthur.

BORCHERDT, C. und K. RUPPERT, 1955. Traunreut – ein Beitrag zur Theorie der industrie-gewerblichen Neusiedlungen. Informationen 43: 599–617.

BORSDORF, A., 1992. Lebensstandort versus Lebensqualität – Bericht über ein Forschungsprojekt in Alpenstädten. Jahresbericht 1991/92 der Österreichischen Geographischen Gesellschaft Zweigverein Innsbruck: 45–71.

BORSDORF, A., 1995. La qualità della vita nelle città alpine. Uno studio per Innsbruck e Bregenz. In: CONTRO, R. (Hg.). Qualità della vita nelle cità alpine. Situazione e prospettive dell qualità della vita urbana con particolare referimento all´area centro alpina. – Regione autonoma Trentino-Alto Adige. Trento: 645–760.

BORSDORF, A., 1996. Lebensqualität in Alpenstädten. Eine Untersuchung für Innsbruck und Bregenz. In: CONTRO, R. (Hg.). Lebensqualität in Alpenstädten. Situation und Perspektiven der städtischen Lebensqualität unter besonderer Berücksichtigung des Zentralalpenraums. Trient: 709–829.

BORSDORF, A., 1999a. Quality of life in alpine towns – with examples from Innsbruck and Bregenz. RGA 87, 1: 163–169.

BORSDORF, A., 1999b. La qualité de vie dans les villes alpines. Le cas d´Innsbruck. RGA 87, 4: 81–92.

BRIQUEL, V., 1997. Une démarche pour un diagnostic spatialisé des enjeux environnementeaux dans la dynamique du développement des Alpes francaises. RGA 85, 2: 63–73.

BUSCHOR, E., 1987. Funktionswandel in den Schweizer Agglomerationen. DISP 88: 20–25.

CAROL, H., 1946a. Die Wirtschaftslandschaft und ihre kartographische Darstellung – ein methodischer Versuch. Geographica Helvetica 1: 246–279.

CAROL, H., 1946b. Begleittext zur wirtschaftsgeographischen Karte der Schweiz. Geographica Helvetica 1: 185–245.

CENCINI, C., DEMATTEIS, G. und B. MENEGATTI (Hg.), 1983. L´Italia emergente – indagine geodemografica sullo sviluppo peroferico. Milano.

CHAMUSSY, H., 1968. Circulation transalpine et villes de pied de col. Briancon, Modane, Suse, Aoste, Martigny, Domodossola. RGA 56: 425–468.

CHRISTALLER, W., 1933. Die Zentralen Orte in Süddeutschland. Jena.

COMMERCON, N. und P. GOUJON (Hg.), 1997. Villes moyennes. Espace, société, patrimoine. Lyon.

CORNA PELLEGRINI, G. (Hg.), 1977. Milano megalopoli padana, valli alpine. Studi sulle reti urbane. Bologna.

COSINSCHI, M., 1994. Le Valais. Cartoscopie d´un espace régional. Lausanne.

COSINSCHI, M. und A. CUNHA, 1988. L´armature urbaine. Agglomerationsprobleme in der Schweiz. Bern.

COSINSCHI, M. und J.-B. RACINE, 1990. Les espaces urbaines. In: RACINE, J.-B. und C. RAFFESTIN (Hg.). Nouvelle Géographie de la Suisse et des Suisses. Lausanne: 377–476.

CUNHA, A. und J.-B. RACINE, 1992. Changements structurels et évolution du système urbain helvétique – tertiarisation sélective et industrialisation diffuse. Canadian Journal of Regional Science 15: 377–402.

DANIÈRE, C. und P. DUBESSET, 1970. Une carte nouvelle: le réseau urbain de la région Rhône-Alpes. Revue Géogr. Lyon. 3: 305–324.

DEBARBIEUX, B., 1999. Figures combinées de la ville et la montagne. Réflexion sur les catégories de la connaissance géographique. RGA 87, 1: 33–49.

DEICHA, I. und H. ROUGIER, 1988. Au coeur des Alpes, un Etat pas comme les autres: le Liechtenstein. Annales de Geographie 540: 129–149.

DEMATTEIS, G., 1971. Città per le alpi. Rivista della Montagna 9: 2–9.

DEMATTEIS, G., 1973. L`influence de Turin sur les Alpes occidentales italiennes. RGA 61: 371–390.

DEMATTEIS, G., 1975. Le Città alpine. Milano.

DEMATTEIS, G., 1983. Deconzentrazione metropolitana, crescita periferica e ripopolamento di aree marginali: is caso dell´Italia. In: CENCINI, C., DEMATTEIS, G. und B. MEINEGATTI (Hg.). L´Italia emergente – indagine geo-demografica sullo sviluppo periferico. Milano: 105–142.

DEMATTEIS, G., 1986. Counterurbanization in Italy. Progress in Settlement Systems Geography. Milano: 161–194.

DEMATTEIS, G., 1993. Il fenomeno urbano in Italia – interpretazioni, prospettive, politiche. Milano.

DEMATTEIS, G., 1997. Métropolisation et développement urbain. Réflexions à partir du cas italien. In: BASSAND, M., LERESCHE, J.-P. und G. SAEZ (Hg.). Gouvernance métropolitaine et transfrontalière. Paris: 61–72.

DEMATTEIS, G. und P. BONAVERO (Hg.), 1997. Il sistema urbano italiano nello spazio unificato europeo. Bologna.

DEMATTEIS, G. und V. GRARRASI (Hg.), 1995. Urban Networks 2. Bologna.

DESOYE, H., 1998. Siedlungseinheiten Österreichs. Statistische Nachrichten 1: 8–22.

DESSEMONTET, P. und J.-B. RACINE, 1996. Villes et agglomérations suisse. Geographica Helvetica 51: 143–168.

DI MEGLIO, G., 1983. Piemonte e valle d`Aosta: crisi dell´area metropolitana centrale e ripopolamento periferico. In: CENCINI, C., DEMATTEIS, G. und B. MENEGATTI (Hg.). L´Italia emergente – indagine geo-demografica sullo sviluppo periferico. Milano: 145–164.

DUMONDEL, M., 1985. Typologie des communes suisses 1970–1980. Etude dynamique des disparités socio-économiques au niveau local. Konstanz.

DUMONT, G.-F. und A. ZURFLUH (Hg.), 1998. L´arc alpin: histoire et géopolitique d´un espace européen. Ars historica. Zürich.

EGGER, U. K. und U. HAUSMANN, 1995. Strukturwandel und produktionsorientierte Dienstleistungen. Analyse des schweizerischen Städtesystems zwischen 1975 und 1991. DISP 122: 12–19.

FASSMANN, H., 1996. Die Entwicklung des Siedlungssystems in Österreich 1961–1991. Mitteilungen der Österreichischen Geographischen Gesellschaft 138: 17–34.

FESL, M., 1968. Die Städte um Wien und ihre Rolle im Wandel der Zeit. Forschungen zur deutschen Landeskunde 151. Trier.

FESL, M. und H. BOBEK, 1983. Zentrale Orte Österreichs II. Ergänzungen zur Unteren Stufe; Neuerhebung aller Zentralen Orte Österreichs 1980/81 und deren Dynamik in den letzten zwei Dezennien. Beiträge zur Regionalforschung 4. Wien.

FESL, M. und H. BOBEK, 1986. Karten zur Regionalstruktur Österreichs. Ein Nachtrag zum Atlas der Republik Österreich. Beiträge zur Regionalforschung 3. Wien.

FEUERSTEIN, G., 1977. Zentrale Orte und Entwicklungsachsen – Die Problematik der Anwendung dieser Prinzipien in der Alpenregion. In: ENGSTFELD, P und C. RÖDER (Hg.). Probleme der Alpenregion. Hanns-Seidel-Stiftung, Schriften + Informationen 3. München: 69–73.

FLEISCHHACKER, N., 1975. Alpine Berggebiete – städtische Agglomerationen. Studie über die wichtigsten Verflechtungen des österreichischen Alpenraums mit den Agglomerationen. Wien.

FOURNY, M.-C., 1995. Identités territoriales et stratégies d´aménagement, les réseaux de villes en Rhône-Alpes. L´espace géographique 4.

FOURNY, M.-C., 1999. Affirmation identitaire et politiques de réseau des villes alpines. RGA 87, 1: 171–180.

FRANTZ, K., 1996. Hundert Jahre stadtgeographische Forschung an der Universität Innsbruck. Innsbrucker Jahresbericht, Sonderheft Geographische Forschung in Innsbruck. Innsbruck: 87–96.

FRESCHI, L., 1971. Réseau urbain en région de montagne. Le cas du Haut-Adige. RGA 59: 343–350.

FUCHS, I., 1997. Stadtregionen 1991 – das Konzept. Statistische Nachrichten 52, 2: 76–83.

FUMAGALLI, A., 1983. Lombardia: sviluppo metropolitano e crescita delle aree periferiche. In: CENCINI, C., DEMATTEIS, G. und B. MENEGATTI (Hg.). L´Italia emergente – indagine geo-demografica sullo sviluppo periferico. Milano: 193–219.

GAIDO, L., 1999. Città alpine come poli di sviluppo nell´arco alpino. RGA 87, 2: 105–122.

GASPERONI, R., 1974. La Carta dell´area di attrazione immediata delle città alpine. Atti XXI Congr. Geogr. Ital. (Verbania 1971) Novara 2: 183–186.

GAY, J.-Chr., 1996. Les logiques spatiales monégasques. Mappemonde 2: 24–29.

GAY, J.-Chr., 1998. Nécessité fait loi. Le développement touristique de la Principauté de Monaco. L'espace géographique 27, 2: 169–182.

GENOSKO, J. und B. SCHMIDT, 1997. Die zentralörtliche Gliederung Bayerns. Eine theoretische und empirische Untersuchung mittels multivariater statistischer Verfahren. Raumforschung und Raumordnung 55: 293–304.

GEROSA, P. G., 1988. La Città delle Alpi nella storiografia urbana recente. In: MARTINEGO, E. (Hg.). Le Alpi per l'Europa – una proposta politica. Milano: 139–159.

GOSAR, A., 1998. Sustainable Development in Slovenian Alps and Surroundings. Ljubljana.

GREINER, H., 1990. Die Ausstattung des Handels- und Dienstleistungsgewerbes unter dem Aspekt der Zusammensetzung der Bevölkerung. Dargestellt am Beispiel Traunreut. Berichte zur deutschen Landeskunde 64: 77–103.

GREINER, H., 1995. Die Chancen neuer Städte im Zentralitätsgefüge unter Berücksichtigung benachbarter gewachsener Städte – dargestellt am Beispiel des Einzelhandels in Traunreut und Waldkraiburg. Forschungen zur deutschen Landeskunde 240. Trier.

GROSJEAN, G., 1984. Die Schweiz. Städte. Geografica Bernensia U 5. Bern.

GROSJEAN, G., 1987. Die Städte. Entstehung, Entwicklung, Typen. Illustrierte Berner Enzyklopädie, Siedlung und Architektur im Kanton Bern, Band 3. Wabern–Bern: 110–125.

GÜLLER, P. und Th. BREU (Hg.), 1996. Städte mit Zukunft – ein Gemeinschaftswerk, Synthese des Nationalen Forschungsprogramms „Stadt und Verkehr". Zürich.

GUARAN, A., 1995. La rete urbana del Friuli – Venezia – Giulia. Boll. Soc. Geogr. Ital. 12: 211–233.

GUBERT, R., 1979. L'insediamento umano nel territorio montano. In: DEMARCHI, F. (Hg.). L'uomo e l'alta montagna. Milano: 91–101.

GUERIN-PACE, F., 1993. Deux siècles de croissance urbaine. La population des villes francaises de 1831 à 1990. Paris.

GUIBOURDENCHE, H., 1982. Le poids de l'urbain dans la transformation contemporaine des espaces sociaux nord-alpins. Le cas des ménages. RGA 70: 111–136.

GUIBOURDENCHE, H., 1984. Croissance démographique et rapport urbain-rural dans les régions basses des Alpes francaises du Nord sans la région urbaine grenobloise. RGA 74: 81–101.

GUICHONNET, P., 1962. Les centres urbains de moyenne importance dans les Alpes du Nord. Rapport au IIe congrès International d'Economie alpine. Aix-les Bains.

GUTKAS, K., 1994. Die Städte Niederösterreichs im 19. Jahrhundert – Ihre Entwicklung zu zentralen Orten. Jahrbuch für Landeskunde von Niederösterreich, N. F., 60: 43–64.

HOLLMANN, H. und W. ISTEL, 1982. Zur Abgrenzung und inneren Gliederung von Agglomerationen in der Schweiz. ARL-Beiträge, Studien zur Abgrenzung von Agglomerationen in Europa 58: 321–365.

HUBBARD, W., 1972. Der Wachstumsprozeß in den österreichischen Großstädten 1869–1910. Eine historisch-demographische Untersuchung. In: LUDZ, P. (Hg.). Soziologie und Sozialgeschichte. Opladen: 386–418.

HUBER, K., 1996. Agglomeration und Berggebiet – eine neue Partnerschaft? Informationen der Bündner Vereinigung für Raumplanung 4: 20–32.

HUIB, E. und C. JAEGER, 1986. Neuere Tendenzen schweizerischer Migrationsströme – Entstädterung in der Schweiz. Geographica Helvetica 3: 111–116.

HUIB, E. und C. JAEGER, 1987. Neuere Tendenzen schweizerischer Migrationsströme – Entstädterung in der Schweiz. Geographica Helvetica 1: 27–34.

HUISSOND, T., JEMELIN, C., SCHULER, M. und S. STOFER, 1997. Strukturatlas der Schweiz. Zürich.

HUSA, K. und H. WOHLSCHLÄGL, 1986. Raumzeitliche Aspekte der Bevölkerungsentwicklung im österreichischen Alpenraum. In: HUSA, K., VIELHABER, C. und H. WOHLSCHLÄGL (Hg.). Beiträge zur Bevölkerungsforschung. Festschrift Ernst Troger zum 60. Geburtstag, Band 1: 19–42.

INGOLD, K., 1994. Agglomerationen und Städte im Alpenraum – Grauzone der Alpenforschung? Analyse, Definition und Abgrenzung.

JOHAM, P., 1992. Die wirtschaftliche Entwicklung einer Gemeinde im Zuge der Suburbanisierung, dargestellt am Beispiel der Gemeinde Ampass. Wien.

JOYE, D., 1985. Typologie des communes d´agglomération en Suisse. DISP 80: 67–71.

KAGERMEIER, A., 1994. Jenseits von Suburbia. Tendenzen der Siedlungsentwicklung in der Region München aus verkehrsgeographischer Sicht. Mitteilungen der Geographischen Gesellschaft München 79: 291–314.

KAGERMEIER, A., 1997. Siedlungsstruktur und Verkehrsmobilität. Eine empirische Untersuchung am Beispiel von Südbayern. Verkehr spezial 3. Dortmund.

KAGERMEIER, A., 1998. Siedlungsentwicklung und Verkehrsmobilität im Verflechtungsraum München. Geographische Rundschau 50: 494–500.

KAUFMANN, V. und M. SCHULER, 1996. Pendularité à longue distance – la vitesse des transports comme facteur structurant de l´urbain. DISP 126: 3–10.

KECKSTEIN, V., 1999. Kleinstädte und Marktgemeinden zwischen Urbanität und Zersiedelung. RGA 87, 2: 89–104.

KLAAR, A., 1956. Die österreichische Stadt in ihrer geographischen und historischen Erscheinungsform. Mitteilungen der Österreichischen Geographischen Gesellschaft 100: 67–92.

KLEINER, A., 1985. Migration und Zentrum-Peripherie-Beziehungen im Schweizerischen Alpenraum. Geoprocessing-Reihe 4. Zürich.

KRIECHBAUM, E., 1938. Tiroler Zwergstädte. Zeitschrift für Erdkunde: 471–479.

KÜBLER, T., 1997. Alpenstadt des Jahres. Alpen – Gemeinde – Nachhaltigkeit. CIPRA-Schriften 15: 146–149.

LEGUAY, J.-P., 1985. A propos des paysages urbains savoyards – l´importance et la rôle des petits villes dans l´histoire et la civilisation du XVe siècle. Le Globe 125: 171–184.

LEIDLMAIR, A. (Hg.), 1981. Tirol-Atlas. Innsbruck.

LEIDLMAIR, A., 1983. Urbanisation as process of population and settlement development in rural areas of the Alps. Nordia 17: 53–59.

LICHTENBERGER, E., 1975a. The Eastern Alps. Oxford.

LICHTENBERGER, E., 1975b. Forschungsrichtungen der Geographie. Das österreichische Beispiel 1945–1975. Mitteilungen der Österreichischen Geographischen Gesellschaft 117: 63–74, 111–114.

LICHTENBERGER, E., 1989. Österreich. Gegenwart und Zukunft von Raum und Gesellschaft. In: LICHTENBERGER, E. (Hg.). Österreich zu Beginn des 3. Jahrtausends. Beiträge zur Stadt- und Regionalforschung 9. Österreichische Akademie der Wissenschaften. Wien: 15–72, 237–263.

LICHTENBERGER, E., 1991. Das „Haus" Europa und die Alpen. Sozialgeographische Szenarien. In: BÄTZING, W. und P. MESSERLI (Hg.). Die Alpen im Europa der neunziger Jahre. Geographica Bernensia P 22: 15–49.

LUCHNER, O. F., 1914. Die Tiroler Stadt. München.

LUSSO, G., 1974. Le città nelle Alpi francesi. Atti XXI Congr. Geogr. Ital. (Verbania 1971) 2. Novara: 211–225.

MACALUSO, F., 1983. Aree e problemi emergenti nell`Italia nord-orientale montana e nel Fruili-Venezia-Giulia. In: CENCINI, C., DEMATTEIS, G. und B. MENEGATTI (Hg.). L´Italia emergente – indagine geo-demografica sullo sviluppo periferico. Milano: 247–273.

MAINARDI, R., 1973. Caratteristiche dell organizzazione urbana nell´area alpina. Città e regione in Europa. Saggi di analisi dei sistemi territoriali. Milano: 91–124.

MATHIEU, J., 1996. Urbanisierung in den Alpen von 1500 bis 1800. Fakten und Thesen. In: KÖRNER, M. und F. WALTER (Hg.). Quand la montagne aussi a une histoire. Bern – Stuttgart – Wien: 337–360.

MATHIEU, J., 1998a. Urbanizzazione nelle Alpi, dal XVI al XIX secolo. In: SCARA-MELLINI, G. (Hg.). Montagne a confronto – Alpi e Appennini nella transizione attuale. Torino: 21–53.

MATHIEU, J., 1998b. Geschichte der Alpen 1500–1900. Umwelt, Entwicklung, Gesellschaft. Wien – Köln – Weimar.

MERLO, V. und R. ZACCHERINI, 1992. Comuni urbani, comuni rurali. Per una nuova classificazione. Milano.

MESSERLI, P., 1999. Themenaufriss: Sind die Alpenstädte besondere Städte? RGA 87, 2: 65–76.

MESSERLI, P. und M. PERLIK, 1997. Eine differenzierte Entwicklungspolitik für den Alpenraum in Europa. In: EHLERS, E. (Hg.). Deutschland und Europa. Festschrift zum 51. Deutschen Geographentag. Colloquim Geographicum 24. Bonn: 287–302.

MESSERLI, P. und T. SANCHIS, 1997. Besiedlung und Zersiedlung im Alpenraum. Forum Alpinum ´96. Supplement RGA 4, 1996: 108–115.

METZ, F., 1933. Die Tiroler Stadt. Geographischer Jahresbericht aus Österreich 16: 157–181.

MUGGLI, Chr. und H.-R. SCHULZ, 1992. Großstädte und Städtehierarchie in der Schweiz. NFP Stadt + Verkehr, Bericht 21. Zürich.

NEF, R. und M. SCHULER, 1983. Räumliche Typologien des schweizerischen Zentren-Peripheriemusters. NFP „Regionalprobleme", Arbeitsbericht 35. Bern.

PAAL, M., 1999. La ville alpine dans le système des lieux centraux. RGA 87, 1: 153–161.

PAAL, M. und A. BORSDORF, 1999. Urbanität im Alpenraum. Zu Identität und Lebensqualität in alpinen Städten. In: CIPRA (Hg.). Jung sein – alt werden im Alpenraum. Zukunftsperspektiven und Generationendialog. Schaan: 42–45.

PAESLER, R., 1984a. Die Zentralen Orte im randalpinen Bereich Bayerns – zur Entwicklung versorgungsfunktionaler Raumstrukturen. Münchner Studien zur Sozial- und Wirtschaftsgeographie 26: 53–72.

PAESLER, R., 1984b. Urbanisierung als sozialgeographischer Prozeß dargestellt am Beispiel südbayrischer Regionen. Münchner Studien zur Sozial- und Wirtschaftsgeographie 12: 262.

PAESLER, R., 1992. Urbanisierung und Suburbanisierung, Verstädterung oder „counterurbanization"? Raumstrukturelle Entwicklungen seit 1970 am Beispiel Südbayern. Münchner Studien zur Sozial- und Wirtschaftsgeographie 35: 29–44.

PAESLER, R. und K. RUPPERT, 1984. Raumorganisation in Bayern. WGI-Berichte zur Regionalforschung 16: 1–80.

PAGETTI, F., 1982. Recenti trasformazioni dell´assetto territoriale della Lombardia. Studi e Ricerche di Geografia (Genova) 2: 218–238.

PAGNINI, M. P., 1977. La rete dei centri nelle valli alpine. L´esempio della Val Pusteria. Milano, megalopoli padana, valli alpine: 239–282.

PAK, M., 1995. Umwandlung der Slowenischen Städte. In: TOTH, J. (Hg.). Varosok, vonzaskörzetek, hatarmenti tersegek. Pecs: 87–99.

PAK, M., 1996. The Most Recent Development Trends in Slovenian Towns. International Geographical Union, Commission on Urban Development and Urban life. Cape Town: 93–100.

PASCHINGER, H., 1954. Entwicklung und Wesen der Hauptstädte der österreichischen Bundesländer. Innsbruck.

PEDRESCHI, L., 1969. I „microstati" dell´Europa continentale. Note di Geografia comparata. Mem. Soc. Geogr. Ital. 28: 7–117.

PERLIK, M., 1996. Polarisation de l´arc alpin en régions urbanisées de navetteurs et en régions de dépopulation. RGA 84, 1: 23–24.

PERLIK, M., 1998a. Städte und Agglomerationen im Alpenraum. RAUM 30: 35–38.

PERLIK, M., 1998b. Entweder Alpen oder Stadt?. In: KÜBLER, T. und M. PERLIK (Hg.). Das Städtische und die Alpenkonvention. Villach: 82–85.

PERLIK, M., 1999a. Processus de périurbanisation dans les villes des Alpes. RGA 87, 1: 143–151.

PERLIK, M., 1999b. Alpen, Städte und Europa. RGA 87, 2: 23–36.

PERLIK, M., 1999c. Urbanisationszonen in den Alpen – Ergebnis wachsender Pendeldistanzen. RGA 87, 2: 147–166.

PICKL, O. (Hg.), 1968. Wien. Österreichisches Städtebuch, Band 8. Wien.

PIRCHMOSER, P., 1992. Zur Suburbanisierung in der Doppelstadtregion Innsbruck-Hall i. T. Innsbruck.

PIVETEAU, J. L., 1974. Remarques sur la structure et l ´évolution du réseau urbain de la vallée du Rhône en amont du Léman. Atti XXI Congr. Geogr. Ital. (Verbania 1971) 2. Novara: 243–255.

PLETSCH, A., 1998. Monaco – Kleinstaat der Superlative. Geographische Rundschau 50: 345–350.

POCHE, B., 1980. L´évolution des marchés urbains en Savoie. Continuité ou rupture dans la relation ville – campagne? Etudes Rurales 78: 257–267.

POGACNIK, A., 1997. Urban design of Slovenian towns – Protection and future development. DISP 130: 30–34.

PRESS, V. und D. WILLOWEIT (Hg.), 1987. Liechtenstein – Fürstliches Haus und staatliche Ordnung; geschichtliche Grundlagen und moderne Perspektiven. Vaduz – München.

PUMAIN, D., 1999. Quel rôle pour les villes petites et moyennes des régions périphériques? RGA 87, 2: 167–184.

RACINE, J.-B., 1999a. Lausanne, entre flux et lieux. Vous avez-dit moyenne? In: COMMERCON, N. und P. GEOGE (Hg.). Villes de transition. Paris: Anthropos: 147–186.

RACINE, J.-B., 1999b. La ville alpine entre flux et lieux, entre pratique et représentations. RGA 87, 1: 111–118.

RAFFESTIN, C., 1999. Un enjeu européen: vivre, penser, imaginer les Alpes. RGA 87, 1: 21–30.

RATTI, R., 1988. Le Tessin, région urbaine emergente. Agglomerationsprobleme in der Schweiz. Bern.

RATTI, R. und G. P. TORRICELLI, 1994. Reti urbane e frontiera. – Die „Regione Insubrica": internationales Scharnier. NFP Stadt + Verkehr, Bericht 56. Zürich.

RAVBAR, M., 1992. Umriß der Suburbanisierung in Slowenien. Arbeitsmaterialien zur Raumordnung und Raumplanung 108. Bayreuth: 39–51.

RAVBAR, M., 1995. Quality of life in urban environment in Slovenija. In: VAISHAR, A. (Hg.). Geography and Urban Environment. Brno: 80–87.

RAVBAR, M., 1997a. Zur Siedlungsstruktur Sloweniens. Raumforschung und Raumordnung 55, 4: 350–357.

RAVBAR, M., 1997b. Slowene cities and suburbs in transformation – Slovenska mesta in obmestja v preobrazbi. Geografski zbornik 37: 65–109.

RAVBAR, M., 1997c. Siedlungsentwicklung und räumliche Strukturen in Slowenien am Ende des 20. Jahrhunderts. In: THARUN, E. und K. WOLF (Hg.). Einzelhandelsentwicklung – zielorientierte Regionale Geographie. Frankfurt: 195–222.

RAVBAR, M. und V. KLEMENCIC, 1993. Current problems of regional development of Slovenia. Development Strategies in the Alps-Adriatic-Region. Pecs: 143–163.

REPOLUSK, P., 1997. Changes of ethnic structure in Slowenian urban settlements. In: HEFFNER, K. und M. RAVBAR (Hg.). Small European Regions During Transition Period. Opole: 35–41.

RIGO, G., SCHIAVI, A. und G. STALUPPI, 1978. Note ad una carta della rete urbana del Trentino. RGA 85: 27–42.

RÖSCHEL, G., 1999. Erreichbarkeit der Städte im Alpenraum – Erfordernis für die Zukunftsfähigkeit oder Anfang vom Ende? RGA 87, 2: 77–88.

ROSSI, A. A., 1995. Concurrence territoriale et réseaux urbaines. L´armature urbaine de la Suisse en transition. Zürich.

RUPPERT, K., 1984. Der deutsche Alpenraum – Grundmuster der Raumorganisation. Münchner Studien zur Sozial- und Wirtschaftsgeographie 26: 9–19.

RUPPERT, K. (Hg.), 1987. Region München. WGI-Berichte zur Regionalforschung 18: 140.

RUPPERT, K. et al., 1987. Bayern – Eine Landeskunde aus sozialgeographischer Sicht. Wissenschaftliche Länderkunden, Band 8. Darmstadt.

SANGUIN, A. L., 1979. Le Liechtenstein. RGA 67: 423–435.

SCARAMELLINI, G., 1990. Funzioni centrali, funzioni metropolitane, reti urbane. Milano.

SCARAMELLINI, G., 1991. Città e poli metropolitani in Italia. Milano.

SCHINDEGGER, F. et al., 1997. Regionalentwicklung im Alpenraum. Vorschläge für die Behandlung des Alpenraumes im Rahmen der europäischen Raumentwicklungspolitik. Schriften zur Regionalplanung und Raumordnung 31. Wien.

SCHLÜTER, K., 1995. Berufspendlerströme und Arbeitsmarkträume in Südtirol. Volkszählung 1991. ASTAT-Schriftenreihe 41. Bozen.

SIDARITSCH, M., 1924. Die steirischen Städte und Märkte in vergleichend-geographischer Darstellung. Zur Geschichte der Deutschen Alpen (Festschrift R. Sieger). Wien: 161–187.

SIGANOS, A., 1999. G.i.n.c.o: une belle aventure interdisciplinaire. RGA 87, 1: 9–11.

SOCHER, K., 1995. Welche wirtschaftliche Entwicklung für die Alpenstädte? Theorien und Modelle für die Alpenstädte. Info Alpenstädte 2: 3.

STADEL, C., 1986. Urbanization and urban transformations in a mountain environment. The case of the European Alps. In: YADAV, C. (Hg.). Comparative Urbanization. New Delhi: 39–55.

STAMMHER, W., 1964. Schweizerische Gemeindetypen 1910 und 1960. Ein Beitrag zur Wirtschafts- und Bevölkerungsgeographie der Schweiz. Zürich.

STAUDACHER, Ch., 1984. Zentralörtliche Muster in alpinen Räumen. Hypothese zur Abwandlung zentralörtlicher Muster unter den Bedingungen räumlicher Inhomogenität. Wiener Geographische Schriften 59/60: 122–132.

STIGLBAUER, K., 1983. Die Erforschung der Zentralen Orte in Österreich. Mitteilungen der Österreichischen Geographischen Gesellschaft 125: 5–30.

TORRICELLI, G. P., 1993. La ville dans les Alpes: zone grise ou laboratoire pour les transports de demain? RGA 81, 4: 37–62.

TORRICELLI, G. P., 1994. Sur la composition des systèmes de villes: la distribution des fonctions urbaines entre Milan et Zurich. L´espace géographique 3: 231–249.

TORRICELLI, G. P., 1995. Cities and sustainable development in the Alpine and Prealpine Area. In: SCARAMELLINI, G. (Hg.). Sustainable Development of Mountain Communities. Milano: 41–52.

TORRICELLI, G. P., 1996. Reti di trasporto e reti di città – is caso dell`Arco Alpino. In: DANSERO, E. und G. DEMATTEIS (Hg.). Regioni e reti nello spazio unificato europeo. Memorie geografiche della Rivista Geografica Italiana 2: 275–294.

TORRICELLI, G. P., 1998. Urbanizzazione e mobilità nell´arco alpino centrale – verso una estensione metropolitana selettiva. In: SCARAMELLINI, G. (Hg.). Montagne a confronto – Alpi e Appennini nella transizione attuale. Torino: 175–198.

TORRICELLI, G. P., 1999. Les villes des Alpes suisses. RGA 87, 2: 123–146.

VEYRET, P. und G., 1964. Petites et moyennes villes des Alpes. RGA 52: 5–124.

VEYRET-VERNER, G., 1969. Plaidoyer poor les moyennes et petites villes. RGA 57: 5–24.

VEYRET-VERNER, G., 1970. Essai de définiton et de classification des petites villes: leur insertion dans un réseau urbain. RGA 58: 51–66.

WALTER, F., 1994. La Suisse urbaine 1750–1950. Carouge – Genève.

WEGELIN, F., 1996. Raumordnungspolitik des Bundes im Spannungsfeld von Stadtentwicklung und Stärkung der ländlichen Räume. Montangna 7, 6: 8–12.

WEICHHART, P., 1996. Das System der Zentralen Orte in Salzburg und angrenzenden Gebieten Oberösterreichs und Bayerns. Grundlagenstudie für das Sachprogramm „Versorgungsinfrastruktur". Schriftenreihe des Salzburger Instituts für Raumordnung und Wohnen 16. Salzburg.

WERLEN, B. et al., 1985. Empirische Überprüfung der Theorie Zentraler Orte im Tessin. Skizze eines sozialgeographischen Forschungspraktikums. Arbeiten aus dem Geographischen Institut Freiburg/CH, 3. Freiburg/CH: 27–64.

WILLIAM, J. H., 1990. Oberstdorf – Entwicklung und Struktur der größten Fremdenverkehrsgemeinde der BRD. Heidelberg.

ZERBI, M. C., 1977. Caratteristiche funzionali e gerarchia dei centri nelle vallate ossolane. Milano, megalopoli padana, valli alpine. Bologna: 283–334.

ZÖLLNER, E., 1985. Österreichs Städte und Märkte in ihrer Geschichte. Wien.

DE L'IDENTITÉ ALPINE ET DES VILLES DES ALPES: QUELQUES ÉLÉMENTS DE RÉFLEXION SUR LA VALEUR ET LA NATURE DE L'IDENTITÉ URBAINE

Marie-Christine Fourny

1 Introduction

Comment parler aujourd'hui de ville alpine? L'on peut de manière légitime considérer la ville des Alpes en la définissant par son appartenance à une aire géographique déterminée; une définition a minima qui n'en conduit pas moins à la recherche de spécificités liées à cette position régionale. L'entreprise est ambitieuse, tant est grande l'hétérogénéité des lieux considérés, et tant sont imbriquées les données physiques liées à la montagne et les données politiques et économiques propres à la situation dans les Alpes. Outre sa pertinence scientifique, celle-ci se justifie cependant par l'actualité sociale et politique. L'on constate en effet une affirmation d'« alpinité », émanant de villes, telles Sion ou Turin dans leurs revendications olympiques, ou d'associations de villes telles que « la Communauté de Travail des Villes alpines »[2] ou le « Diamant alpin »[3].

Cette affirmation du caractère alpin des villes pose question et ouvre un champ problématique intéressant. Elle dépasse en effet la manipulation de l'image par les professionnels du marketing urbain. Ces politiques d'image qui se sont développées surtout à partir des années quatre-vingts ont cherché à doter les villes de qualités qui leur conféraient un caractère propre. Toutefois, à la différence des poètes qui depuis longtemps considéraient l'âme ou l'esprit des lieux, cette personnalisation s'inscrivait nettement dans une construction à finalité économique. Les premières qualités ainsi mises en scène relevaient de la performance et participaient d'un positionnement concurrentiel sur le marché des entreprises: les villes étaient « surdouées » ou « dynamiques », et bien évidemment « d'avenir » et en situation de « carrefour » (BENOIT et BENOIT 1989). Cette image quasi publicitaire s'est progressivement complexifiée en faisant intervenir d'autres références, d'ordre patrimonial, paysager ou culturel, en

---

[2] Association internationale regroupant une trentaine de villes des différents pays de l'Arc alpin.

[3] Entente entre Genève, Lyon et Turin.

tentant aussi de répondre à des objectifs sociaux ou politiques et non plus seulement de créer une attractivité pour les entreprises.

Tout en évoluant, le discours identitaire s'est donc aussi pérennisé et généralisé. Or cette désignation de la ville par une « identité » propre constitue un mode de représentation particulier. S'il n'est pas réellement nouveau, il était jusqu'ici relativement circonscrit dans le registre affectif ou symbolique des artistes, des politiques ou des habitants, et moins fréquemment employé pour les villes que pour les nations ou les régions. Il semble aujourd'hui se répandre dans l'ensemble du corps social et envahir le champ de l'aménagement urbain, comme en témoignent des politiques qui tentent d'agir sur le vécu urbain, telles celles de la qualité de la vie et de bien-être, des procédures qui dressent les « projets » de ville des habitants, des domaines d'intervention nouveaux portant sur les rapports « sensibles » à l'espace et les « ambiances » urbaines. De manière générale, l'action sur la ville – et non pas seulement le discours sur l'action – a affaire avec l'identité de la ville (GAUDIN 1993). Elle considère la ville dans sa totalité, elle travaille sur cette totalité et pour cela agite, utilise, vise, cette dimension existentielle et subjective qu'est l'identité.

C'est dans ce contexte que se situe notre questionnement sur l'identité alpine des villes des Alpes. Nous cherchons moins à la considérer dans son contenu ou dans une quelconque objectivité des caractères qu'à comprendre les enjeux d'un tel discours. Pourquoi aujourd'hui, parler des villes en ces termes? Que recherchent les villes lorsqu'elles se proclament alpines? De quelles relations avec la montagne font-elles état? Et quelles sont les stratégies liées à ces relations?

Nous exposerons d'abord notre démarche de recherche, afin de discuter la pertinence d'un travail sur l'identité territoriale pour parler de la ville alpine et de définir la méthode employée, puis nous présenterons quelques résultats de recherche montrant la construction de l'identité alpine par les stratégies et les discours.

2 Mutations spatiales et recherche de distinction des villes

L'affirmation d'une identité des villes marque d'abord une recherche d'individualisation. Elle établit une distinction avec les autres qui, en retour, en détermine les particularités. De ce fait, elle ne peut exister que dans un regard externe et de manière relative; elle implique ainsi nécessairement une posture de distanciation, de comparaison et d'évaluation, c'est-à-dire une confrontation à d'autres villes. C'est donc, de manière logique, dans un contexte de mutations territoriales, qui entraînent un changement des rapports entre villes ainsi qu'entre les villes et leur territoire, que l'on voit aujourd'hui ressurgir ce type de discours: « l'identité, qu'elle soit locale, régionale ou nationale, se présente en effet comme une ressource que les acteurs politiques et sociaux vont s'efforcer d'exploiter dans le cadre des stratégies de pouvoir » (CHEVAL-

LIER 1996: 307). Parmi l'ensemble des facteurs de transformation spatiale, plusieurs mouvements apparaissent particulièrement générateurs de l'affirmation identitaire:

Un mouvement de recompositions territoriale:

L'on assiste en effet aujourd'hui, peu ou prou, pour tous les espaces et à des échelles variables qui vont de la commune au supra-national, à la transformation des territoires « hérités ». Se forment ainsi de nouvelles configurations fonctionnelles liées à l'extension des relations économiques et des aires d'influence des villes, ainsi qu'à la transformation de la mobilité de la population. « Bassins d'emploi », « régions urbaines », illustrent ces nouvelles appellations par lesquelles, en France, l'on cherche à désigner ces nouveaux espaces. En modifiant les collaborations et les influences, ce mouvement conduit à une redéfinition des circonscriptions politiques ou administratives. L'instabilité de ces dernières est également accrue par l'apparition de nouvelles échelles de pouvoir (Europe, déploiement international de l'économie), et l'affaiblissement relatif de certains cadres institutionnels (l'État par exemple).

Dans les recompositions qui en sont la conséquence apparaissent des espaces dont les liens sont plus souples. Ainsi, si de nouveaux territoires sont définis, et des frontières redessinées, l'on voit aussi des procédures de collaborations plus souples, moins marquées par la règle institutionnelle: des coopérations régionales, particulièrement nombreuses dans les régions frontalières, des ententes contractuelles entre les institutions territoriales, des formes de lobbying assurant la représentation de certains territoires à des niveaux de décision élevés...

Se pose alors la question des modalités de la formation de ces nouveaux ensembles territoriaux. Dans un jeu d'alliances plus libre, moins marqué par des règles législatives ou par des contraintes telles que celles de l'histoire, moins marqué aussi par des déterminants géographiques tels que la continuité spatiale, comment émergent les ententes volontaires entre les territoires? Comment sont choisis les partenaires? Comment ces nouvelles entités acquièrent-elles une identité, parviennent-elles à faire sens dans le corps social?

Un mouvement de différenciation spatiale accompagnant une redéfinition des territorialités:

Les hiérarchies classiques des villes et de leur région, établies historiquement selon une logique spatiale conjuguant activités, influence et distance deviennent moins opérantes, dès lors que les acteurs locaux disposent d'une plus grande marge de manœuvre pour leurs actions et leurs relations, que les stratégies politiques ou économiques, internes ou externes ont une capacité accrue de modifier la force et le rang des espaces. A une position héritée dans un système urbain se substitue alors une position acquise dans le cadre d'une stratégie spatiale. L'on connaît par ailleurs les nouveaux critères de localisation des entreprises qui transforment les avantages des sites urbains.[4] Les capacités d'innovation, la qualité des relations sociales, l'attractivité pour

---

[4]   Cf. Mutations économiques et urbanisation (1993). Paris: La Documentation française.

les cadres, la notoriété, les équipements culturels, l'environnement relationnel des entreprises, apparaissent notamment comme autant de facteurs participant à la valeur économique d'un espace.

Ces phénomènes conduisent à de nouvelles formes de différenciation. Pour une part, la redéfinition des positions urbaines, l'internationalisation des stratégies, la sélectivité des localisations, l'augmentation des mobilités sociales et économiques ont accru la concurrence entre les villes et imposent qu'elles se démarquent les unes des autres. D'autre part, les critères mêmes de la différenciation se sont transformés. Il s'agit moins de faire valoir des avantages de type matériel ou fonctionnel tels que l'accessibilité, les équipements ou les taxes fiscales, que de démontrer de la qualité globale d'un site. Les villes sont alors amenées à définir une distinction dans leur essence, dans une totalité territoriale. L'on recourt à l'histoire, au patrimoine, aux évé-nements symboliques. L'on retravaille sur la mémoire, les paysages, les relations so-ciales pour définir, voire construire une spécificité territoriale globale. On valorise et on affiche ainsi, de manière volontaire, une « identité », un caractère complexe qui associe « l'immatériel » de l'ambiance et de l'esthétique à la matérialité des coûts ou de équipements.

Un renforcement du poids des villes

particulièrement notable dans les Alpes.[5] Il lie, plus étroitement encore que par le passé, le devenir des espaces ruraux à celui des espaces urbains. Mais dans le même temps, d'autres stratégies de développement que celle du pôle central d'une aire d'in-fluence s'offrent aux villes, d'autres « territoires » d'influence et d'échanges peuvent être constitués, sans fondement spatial ou de proximité. Comment peuvent alors se conjuguer l'internationalisation des stratégies et des activités économiques avec la revendication d'une identité territoriale, « alpine » ou autre ? Cette dernière est-elle outil de la première, ou l'indicateur de nouvelles relations entre les villes et leur ar-rière-pays?

Une transformation des identités:

La dissolution des identités sociales fondées sur le travail, la fin des grandes idéo-logies structurant les croyances sociales, le délitement des liens sociaux dû à la mon-tée de l'individualisme conduisent aujourd'hui à la montée ou à la résurgence d'autres formes d'identification, éphémères et fluctuantes: ethnies, modes de vie, mouvements culturels (TOURAINE 1992). Le territoire retrouve là une nouvelle force identificatrice. Il représente le lieu des racines, de la communauté. Il fait apparaître la collectivité sociale vivant dans un espace donné comme une communauté, liée par l'appartenance à un même espace.

Cette capacité à créer du lien social par le territoire, autant que les facteurs écono-miques, conduit les acteurs publics à mettre en scène et à affirmer une identité de la ville. On crée ainsi une image d'une totalité, dont on attend qu'elle restructure une

---

5   Cf. Revue de géographie alpine 2, 1999.

réalité socio-spatiale fragmentée. Cette finalité transforme également les modes d'intervention des pouvoirs publics. L'identité devient une construction, dont les discours et les opérations de communication représentent des supports essentiels. Il s'agit alors, non plus seulement de gérer un espace, mais d'agir sur la culture, c'est-à-dire sur les croyances, les représentations, les opinions, qui contribuent à forger la cohésion d'un groupe.

Ces éléments de contexte nous semblent démontrer que le fait identitaire s'inscrit comme une tendance lourde des mutations territoriales. Celles-ci amènent logiquement à se redéfinir soi, à redéfinir sa position spatiale, et à le faire avec volontarisme et force. Mais plus encore, l'on peut se demander si les rapports territoriaux qui se mettent en place ne font pas de l'identité de la ville une nécessité structurelle: les nouveaux enjeux urbains, les nouveaux rôles et statuts de l'urbain n'imposent-ils pas le recours à l'identité ? Des analyses sur la nation, il ressort que la construction des identités nationales est indissociable de la formation des nations (BAYART 1998). Ne pourrait-on élargir le constat aux villes et faire l'hypothèse que les revendications identitaires actuelles participent de l'émergence d'un nouveau statut territorial des villes, en relation avec leurs nouvelles fonctions, leur puissance et de nouveaux modes d'action?

3 La ville alpine, identité et discours

3.1 L'identité territoriale: une recherche de définition

Avant de nous attacher aux villes alpines, il nous semble important de préciser le concept d'identité tel que nous l'employons. L'identité est en effet un principe explicatif auquel il est souvent fait recours mais qui est plus rarement défini.[6] Or son caractère multiforme, ses dimensions multiples, ne sont pas sans entraîner de nombreuses ambiguïtés. Elle relève ainsi de l'état et de la substance, qui indiquent « l'en-soi »; de l'interaction qui la définit relativement par rapport à une altérité; de la construction puisque tout changement modifie l'interaction; et enfin de la déclaration car l'identité ne peut exister sans le discours, sans une expression qui lui donne forme.

Dans une première acception, on peut l'entendre comme un ensemble d'éléments qui permettent de singulariser un objet – spatial en ce qui nous concerne – par rapport à d'autres. Elle repose sur une individuation – la conscience d'un caractère propre – et une différenciation, qui met en jeu le rapport à l'autre, à d'autres espaces. Mais l'identité représente aussi une expression particulière de cette singularité. On ne peut ainsi

---

[6] « Une sorte de point virtuel auquel il est indispensable de se référer pour expliquer un certain nombre de choses sans qu'il ait jamais d'existence réelle » disait Claude LEVI-STRAUSS (1997).

la réduire aux caractères spécifiques tels qu'ils pourraient apparaître à l'issue d'une analyse comparatiste systématique. Elle n'est pas non plus ce « génie du lieu » parfois invoqué pour expliquer des particularismes locaux: « on n'a jamais démontré qu'un impalpable génie ou esprit attaché à un lieu soufflait à chacun de ses natifs quelques vents bienfaisants qui entreraient dans la personnalité de chacun » (BRUNET 1993). L'identité spatiale représente une forme d'expression de la relation entre des acteurs sociaux et leur espace. Rapport social et socialisé, elle relève nécessairement du sens donné à l'espace, et résulte des valeurs et des idéologies des individus, de leurs représentations de l'espace et de leur vécu spatial. Dans le même temps, elle produit du sens, en dotant l'espace d'une expression propre et en faisant de l'espace l'expression de la collectivité sociale. Elle représente ainsi un processus de synthèse, d'interprétation et de mise en forme (MUCCHIELI 1986; GALLAND et LERESCHE 1994). Cette identité s'inscrit dans une double dimension, à la fois géographique et sociologique. L'individuation du lieu rend possible une individuation de la collectivité sociale par le lieu; elle fonde l'appartenance des membres et manifeste l'existence de liens et de qualités communes.

Cette dimension du rapport au lieu revêt un double intérêt dans l'analyse de la spécificité territoriale. Elle induit en effet une relation étroite entre identité sociale et culturelle, et composantes spatiales matérielles: les spécificités « visibles » des paysages, de l'économie ou de l'organisation de l'espace contribuent à façonner l'identité, mais sont réinterprétées, filtrées en fonction de représentations culturelles et de pratiques spatiales particulières. Réciproquement, une mémoire longue du lieu, l'inertie des comportements collectifs interviennent dans les pratiques, actions et représentations contemporaines. Les acteurs de l'aménagement eux-mêmes agissent avec le sentiment de la personnalité d'un espace (MONNET 1994; LUSSAULT 1993). Si bien que des composantes identitaires se reproduisent et que les productions locales se marquent de caractères spécifiques.

Cette identité, expression d'une relation sociale à l'espace, s'appréhende de manière privilégiée à travers les discours sur la ville, que ceux-ci soient écrits ou visuels. Nous avons pour notre part travaillé plus particulièrement sur le discours des élus. Il est pour une part plus facile à circonscrire qu'un discours émanant de la collectivité locale dans sa globalité. D'autre part, les élus, plus que d'autres acteurs urbains, sont amenés à exprimer l'identité locale. Par sa fonction même, l'élu, représentant d'une ville, porte l'idée que la population se fait de la ville. Mais il n'en est pas qu'un héritier passif. Par fonction aussi, l'élu porte un projet d'avenir, il exprime une volonté de transformation orientée et justifiée par la représentation voulue de la ville. Le discours identitaire, tel qu'il est tenu par l'élu, s'inscrit ainsi en rapport avec une action sur le territoire. Il accompagne l'intervention, en lui donnant dans le même temps son objectif et sa légitimité.

3.2 Identité alpine et nouveaux enjeux alpins

Si l'identité alpine dont font état certaines villes caractérise d'abord un espace urbain, elle contient toutefois implicitement un discours sur les Alpes. L'alpinité, en tant que qualité, se définit en effet par la représentation que les villes s'en font. Elle contient les images et les valeurs attribuées par les villes aux Alpes. Aussi, si elle manifeste d'une transformation des villes, on peut également penser qu'elle provient d'une transformation, des Alpes, ou au moins de la valeur du caractère « alpin ». Celui-ci serait-il désormais plus facilement appropriable par les villes? Les Alpes renvoient en effet communément à la nature, plus encore elles symbolisent un état de Nature, une pureté originelle, d'avant la civilisation et la Culture. Elles représentent là l'antithèse de la ville lieu de l'artifice. Il peut alors sembler paradoxal que les villes se désignent par leur contraire, mais elles peuvent aussi tirer avantage de ce double jeu de références. Les Alpes tout d'abord se sont elles-mêmes urbanisées, elles ne sont pas marquées par les connotations négatives parfois encore attachées au rural. Si elles offrent un environnement de nature, c'est aussi pour des fonctions récréatives et ludiques et à public essentiellement citadin. Cette valeur de terrain de jeux les rend alors facilement assimilable par la ville. En outre, comme l'a montré la Convention alpine, les préoccupations contemporaines relatives à l'environnement et au patrimoine s'y projettent aisément: le caractère préservé des Alpes en fait un espace d'authenticité culturelle et naturelle. Associé à l'urbanité, le qualificatif d'alpin en ce cas peut marquer une proximité avec la nature, et plus précisément avec la représentation citadine de la nature. Il garantit une facilité de loisirs, un cadre de vie privilégié parce que non-urbanisé, mais qui contribue à la qualité globale de la ville. L'image de la ville alpine ne serait-elle pas alors celle de la « ville à la campagne » soit celle de l'impossible mais idéale réconciliation des opposés ?

A une autre échelle et dans un autre registre sémantique, la ville alpine témoigne également de l'intérêt d'un positionnement par rapport aux Alpes. Or compte tenu des mouvements de recomposition internes au massif, ce positionnement n'a plus aujourd'hui le même sens et la même valeur. L'ouverture des frontières a accru les collaborations de part et d'autre de l'Arc alpin, et les structures de coopération internationale regroupant des échelons inférieurs à celui de l'État y sont particulièrement nombreuses et anciennes: ce sont les Communautés de Travail (COTRAO, ALPE ADRIA, ARGE ALP) réunissant des régions s'étendant sur l'Arc alpin et dont les préoccupations portent à la fois sur les problèmes particuliers des zones de montagne et sur ceux des régions transfrontalières, les réseaux de villes alpines et les collaborations intercommunales transfrontalières, les regroupements associatifs sur la base d'anciennes unités culturelles, qui affirment des communautés d'intérêts fondées sur l'appartenance aux Alpes, ou qui postulent des caractères d'homogénéité d'une région alpine. Des politiques telles que la « Convention alpine » apparaissent également comme des éléments d'intégration de l'Arc, car elles conduisent à formaliser des principes d'aménagement particuliers et à promouvoir des projets communs et unitaires.

L'élargissement de l'Europe vers l'est renforce lui aussi la valeur stratégique des Alpes dans les grands courants d'échanges internationaux, et en fait un axe d'importance majeure, un « gigantesque commutateur » pour reprendre l'expression de Claude RAFFESTIN (1999). Le positionnement dans les Alpes en ce cas n'a pas la même signification qu'un positionnement de moyenne échelle, en rapport avec un environnement montagnard proche, il contient implicitement une vision internationale, transfrontalière et européenne. Le caractère alpin invoqué par les institutions territoriales peut de ce fait avoir un effet unifiant et favoriser la transgression des multiples cloisonnements issus de la différence des systèmes politiques, des économies, des langues, des cultures, des religions ou même du climat et du relief.

4 De la diversité des identités locales à la construction d'une identité fédératrice

4.1 Des formes multiples de l'alpinité dans les discours des villes

Notre questionnement portant sur une auto-définition des villes alpines, c'est-à-dire l'identité affirmée et voulue, nous avons fait porter notre analyse sur les villes appartenant à la « Communauté de Travail des villes alpines ». Nous considérons que leur adhésion à cette association vaut acceptation du caractère d'« alpinité » affiché par le collectif. L'analyse comprend deux niveaux: celui du discours collectif émanant de la Communauté de Travail, celui du discours particulier de chaque ville sur l'identité alpine.

Afin d'examiner la définition identitaire des villes et leur position par rapport à l'alpinité, une enquête a été réalisée auprès d'un échantillon de villes.[7] Elle montre dans un premier examen une grande diversité dans les contenus comme dans les projets. Les trois villes françaises, Grenoble, Chambéry et Albertville sont à ce point de vue tout à fait significatives. Grenoble présente les traits d'une métropole économique, dont le caractère alpin trouve une justification dans l'histoire contemporaine. Le développement industriel de la fin du dix-neuvième siècle est en effet issu de l'exploitation de l'énergie hydraulique, donc d'une ressource montagnarde. Les stratégies politiques, de longue date, ont par ailleurs développé un discours construisant son image de capitale des Alpes.[8] Or les développements actuels de l'économie ne justi-

---

[7] Il s'agit de Grenoble, Chambéry, Albertville, Locarno, Martigny, Saint-Moritz, Innsbruck. L'enquête a été réalisée en 1997 par Amaury Charvy sous la direction de MC Fourny et pour le compte de la Mission Montagne de la ville de Grenoble (Rapport non publié).

[8] 400 000 habitants au coeur des Alpes. Le rôle de la montagne dans le développement de Grenoble et de son agglomération. 1996. « Actes du colloque de Fontaine ». Mairie de Fontaine.

fient guère cette place. Les secteurs de la recherche, de l'électronique et des technologies de l'informatique qui jouent un rôle moteur et donnent à la ville un rang international n'ont pas d'ancrage montagnard ni même territorial.

Néanmoins, Grenoble développe depuis quelques années une « politique » montagne. Celle-ci consiste en la mise en place d'activités de montagne en milieu urbain: site d'escalade, via ferrata. Elle vise également un développement des fonctions touristiques, bureau des guides par exemple, susceptibles de retenir les flux et de créer une polarisation par rapport à la montagne. Cette orientation touristique et récréative se renforce par ailleurs d'une activité de congrès ou de salons dans des secteurs économiques spécifiques à la montagne (agriculture, produits techniques de loisirs et d'équipement).

Chambéry quant à elle dispose d'une indéniable légitimité alpine en tant qu'ancienne capitale de l'Etat de Savoie. Ville préfecture aujourd'hui au pouvoir surtout administratif, elle tente de développer des activités exploitant le créneau montagne, dans les domaines de la culture et du patrimoine. Les actions portent ainsi vers la constitution d'un pôle de formation et de recherche sur la montagne, des activités muséographiques et environnementales, des manifestations culturelles et intellectuelles d'envergure. Elles représentent également un moyen de développer des fonctions urbaines de niveau élevé.

Albertville définit un troisième type d'alpinité. Ce chef-lieu de petite envergure dont l'influence surtout administrative s'étendait sur une petite partie de la Tarentaise, se positionne depuis les Jeux Olympiques de 1992 comme un pôle urbain touristique de vallée susceptible d'offrir une complémentarité aux stations monofonctionnelles de sports d'hiver par des manifestations culturelles d'un bon niveau.

Les autres villes enquêtées relèvent encore de caractères différents. Ainsi Saint-Moritz et Innsbruck, se définissent alpines « par essence ». Leur image touristique en a fait des archétypes de l'alpinité, si bien qu'elles indiquent ne pouvoir dissocier une politique alpine de l'ensemble de la politique de la commune. A l'opposé, les villes de Locarno ou Martigny tout en indiquant des problèmes « alpins », les circonscrivent à des domaines techniques et ne font par ailleurs que très peu de références à la montagne dans leur identification.

Ces différentes définitions de l'alpinité reflètent d'évidence des différences dans les caractères de chaque ville. Mais elles démontrent également que l'alpinité dont se prévaut chacune d'entre elles répond à des enjeux variés et contient des significations divergentes. Pour Innsbruck ou Saint-Moritz, elle qualifie la ville dans sa substance, et représente un attribut immuable qui a quasiment valeur de culture. Pour les autres villes, l'identité alpine ne marque pas une unité de la forme et du contenu mais des fonctions. Elle se définit selon un point de vue relationnel, comme un rapport à la montagne que l'on peut circonscrire. Pour les villes françaises enquêtées, le caractère alpin fait référence à un arrière-pays, utilisé dans le cadre de politiques volontaires pour accroître un potentiel politique ou économique. Pour Locarno et Martigny, le rapport est de moindre intensité et relève du contexte physique.

4.2 L'alpinité construite

L'alpinité n'a-t-elle alors que des valeurs particulières? Ne contient-elle pas des caractères partagés propres à définir une catégorie homogène des villes alpines? L'examen des discours particuliers des villes ne permettant pas de dégager ces traits communs, nous avons analysé le discours de la communauté de travail des villes alpines.[9] Celui-ci offre l'avantage de considérer les villes alpines comme une collectivité; il justifie et explicite le regroupement et amène alors nécessairement à en définir les traits communs.

Une première qualité partagée est celle de la périphérie. L'alpinité évoquée par la Communauté de Travail dénote en effet une situation de domination et d'infériorité. Elle renvoie à un espace isolé délaissé, qu'illustre l'absence de grands centres économiques: il n'y a « pas de grosses concentrations de population », « les lobbies économiques n'y ont pas d'intérêt ». L'écart est aussi politique, les villes des Alpes représentent des espaces déconsidérés, qui n'ont pas de pouvoir sur leur propre territoire: ainsi, l'Union Européenne est « aux mains des pays de la mer et de la plaine », elle n'est pas préoccupée par « le million et demi de paysans qui essayent de rester à la montagne ». La Convention alpine représente « un état de fait imposé de l'extérieur », ses contenus « n'ont pas été présentés aux populations de ces régions qui se trouvaient reléguées »[10]. L'image suggérée par l'alpinité s'avère ainsi négative et dévalorisante, elle est utilisée pour qualifier une faiblesse.

Une autre dimension commune se dessine autour du tourisme. Si certaines villes sont indéniablement touristiques, d'autres, comme Grenoble ou Albertville souhaitent le devenir. Le qualificatif d'alpin pour le moins constitue une image favorable à l'attraction touristique. Toutefois, de Locarno à Innsbruck, ce tourisme peut s'avérer très dissemblable dans ses formes, aussi peut-on comprendre que la Communauté de travail des villes ne fasse pas référence à un contenu commun mais à une action commune de promotion. Une des premiers actions du réseau est à ce titre significative, elle a en effet consisté dans l'élaboration d'un produit touristique « villes alpines ». Il ne s'agissait pas cependant de définir et de valoriser une quelconque alpinité, mais un itinéraire entre des villes différentes. L'originalité touristique n'apparaissait donc pas dans la qualité propre des villes mais dans leur mise en relation.

Hors ces aspects, le discours de l'association sur les villes alpines ou les actions mêmes du réseau ne font pas référence à des caractéristiques ayant une forte spécificité. Ainsi, les thèmes mis en débat portent sur des sujets tels que la politique municipale en faveur des personnes âgées, la réhabilitation du patrimoine bâti des centres anciens, les initiatives et propositions culturelles en faveur des jeunes, l'élimination

---

[9]   À partir des textes parus dans le bulletin de liaison de la Communauté intitulé « Infos Villes des Alpes », trimestriel édité depuis 1993.

[10] Extraits de « Infos villes des Alpes », respectivement, n°1, 1994, n°1, 1996.

des déchets solides urbains[11] ... Il s'agit là de questions générales et banales pour les villes, pour lesquelles il n'est pas fait état d'une spécificité alpine.

Comment peut alors s'interpréter cette alpinité collective justifiant que les villes s'associent? L'appellation doit faire suffisamment sens pour que les villes acceptent d'y souscrire, quel que soit par ailleurs le caractère opportuniste ou utilitariste de leur adhésion. Or plutôt que dans une essence de la ville, dans sa substance propre, ce sens semble s'inscrire dans l'action collective. L'alpinité telle qu'elle est utilisée définit en effet un statut commun aux villes de l'association. Elle fait référence à la périphérie et sert ainsi à démontrer une situation *géopolitique* propre et non pas seulement une position géographique. Elle indique une absence de pouvoir, une exclusion ou une marginalité par rapport aux centres de décision. Par ces connotations, elle se révèle aussi un facteur d'union: elle appelle à réagir à une situation d'inégalité et justifie de ce fait une mobilisation de villes. La Communauté de Travail tout à la fois organise cette réaction et constitue un outil de transformation: elle regroupe les villes en situation de faiblesse pour créer un collectif ayant un poids politique plus important.

Si l'alpinité représente ainsi un projet politique fédérateur, elle apparaît également comme le produit volontaire d'une activité commune à des villes. Cet ensemble composite de centres urbains doit être structuré par les échanges développés au sein de l'association. On crée donc avant tout du lien: le produit touristique promeut un itinéraire, les questions urbaines abordées, par leur banalité même permettent la mise en place d'un dialogue et rendent possible les échanges: « notre bilan est d'avoir consolidé le tissu qui garde liées des villes si différentes par leur dimension, leur problématique naissante, leurs expériences administratives »[12].

L'identité alpine ressort ainsi de l'expérience et ne repose pas sur un état partagé. Elle représente un objectif de l'action: « il fait partie du projet de la communauté des villes d'identifier les besoins et problèmes propres aux villes des Alpes ». Elle sera de ce fait définie par les activités-mêmes du collectif: « cette capacité à vivre ensemble et à nous atteler à des projets communs constitue un patrimoine culturel et opérationnel »[13]. Ce patrimoine culturel n'est pas ainsi situé dans les villes, dans les caractéristiques et les qualités des acteurs, mais dans l'échange. En d'autres termes, l'alpinité est issue de l'élaboration, elle représente une dynamique, dont pourra éventuellement ressortir une identité de substance.

A l'issue de ces quelques réflexions, nous serions tenté de dire que l'identité alpine n'existe pas, en tant que caractère propre partagé par des villes. Il est *des* villes *des* Alpes, comme il est *des* identités alpines, particulières et diverses, à la mesure de la diversité des localisations et des rapports que chaque ville entretient avec le massif.

---

[11]   « Infos villes des Alpes » 1, 1996.

[12]   « Infos villes des Alpes » 1, 1996.

[13]   « Infos villes des Alpes » 2, 1993.

Mais il existe néanmoins une dynamique identitaire fondée sur l'alpinité. Cette alpinité est une idée, une image d'une situation partagée qui a force mobilisatrice, qui permet de construire de l'échange et du collectif.

Elle ne se définit pas alors comme un acquis, un héritage de l'histoire ou de la géographie imprégnant la figure des villes mais comme une dimension active et une ressource pour les villes.

Bibliographie

BAYART, J.-F., 1998. L'imaginaire dans l'affirmation identitaire. Dans: L'identité. L'individu, le groupe, la société. Auxerre: Ed Sciences Humaines: 337–341.

BENOIT, J.-M. et P., 1989. Décentralisation à l'affiche. Paris: Nathan.

BRUNET, R., 1993. Les mots de la géographie. Dictionnaire critique. Paris: GIP Reclus, La Documentation française.

CHEVALLIER, J., 1996. L'identité politique: un enjeu de pouvoir. Dans: L'identité. L'individu, le groupe, la société. Auxerre: Ed Sciences Humaines.

GALLAND, B. et J.-Ph. LERESCHE, 1994. Les identités dans la dynamique urbaine. Dans: M. BASSAND et J.-Ph. LERESCHE (direction). Les faces cachées de l'urbain. Bern: Ed Peter Lang: 25–42.

GAUDIN, J.-P., 1993. Les nouvelles politiques urbaines. Paris: PUF.

LEVI-STRAUSS, C., 1997. L'identité. Paris: PUF.

LUSSAULT, M. 1993. Images de la ville et politique urbaine. Tours: Maison des Sciences de la Ville.

MONNET, J., 1994. La ville et son double, la parabole de Mexico. Paris: Nathan.

MUCCHIELI, A. 1986. L'identité. Paris: PUF.

Infos villes des Alpes 2, 1993.

Infos villes des Alpes 1, 1994.

Infos villes des Alpes 1, 1996.

RAFFESTIN, C., 1999. Un enjeu européen: vivre, penser, imaginer les Alpes. Revue de géographie alpine 1: 21–32.

TOURAINE, A., 1992. Critique de la modernité. Paris: Fayard.

Alpine Identität und Alpenstädte: Einige Anmerkungen zu Wesen und Wertigkeit urbaner Identität

Übersetzung und Zusammenfassung: Michaela Paal

Die Definition der „alpinen" Stadt als einer geographisch in den Alpen verortbaren urbanen Verdichtung reicht nicht mehr aus, um ihrer besonderen, aus physiognomischen, ökonomischen und politischen Determinanten resultierenden Position gerecht zu werden. Der diesbezügliche Diskurs ist eng mit der Frage nach ihrem Image verknüpft, das von Künstlern, Politikern oder den Einwohnern seit den zwanziger Jahren vor allem für eine breite Öffentlichkeit entworfen wird und die Stadt in ihrer Gesamtheit betrifft. Gleichzeitig setzt die Beschäftigung mit der Identität von Alpenstädten die Anerkennung ihrer Besonderheiten und einen externen Blickwinkel des Vergleiches mit anderen urbanen Räumen voraus.

Einigen Faktoren der räumlichen Transformation kommt im Kontext der Identität besondere Bedeutung zu. Grenzüberschreitende Zusammenschlüsse räumlicher Einheiten zu neuen, funktionell begründbaren Gebilden versuchen, dem ökonomischen Wandel und der steigenden Mobilität gerecht zu werden und schaffen neue Kräftefelder auf gesamteuropäischer Ebene. Gleichzeitig findet eine Neudefinition der Standortqualität durch international agierende Unternehmen statt; die Städte erhalten – besonders in den Alpen – innerhalb ihrer Einzugsgebiete besonderes Gewicht. Weiters wird die Region vor dem Hintergrund einer sozialräumlich fragmentierten Gesellschaft zum Synonym für Gemeinschaft und kulturellen Zusammenhalt.

Die räumliche Identität ist Ausdruck der Beziehung von Individuen zum dem sie umgebenden Raum und kann als Resultat ihrer Wertvorstellungen interpretiert werden. Sie besitzt sowohl eine geographische als auch eine soziologische Komponente und manifestiert die Existenz von Gemeinschaft. Alpine Identität ist eng verknüpft mit den Alpen und der Vorstellung über ihre Rolle als Gegenwelt zur urbanen Künstlichkeit. Alpenstädten entspricht daher nicht selten das Image einer „Stadt auf dem Land" als idealer Verknüpfung des Städtischen mit der Natur.

Nach Abschluß einer Studie über Alpenstädte, die unter der Leitung der Autorin 1997 in Grenoble, Chambéry, Albertville, Locarno, Martigny, St. Moritz und Innsbruck durchgeführt wurde, liegt der Schluß nahe, daß es sich bei Alpinität um einen dynamischen Prozeß handelt und daß *die* alpine Identität nicht existiert. Es ist vielmehr von Städten in den Alpen und einer Reihe von Identitäten gemäß der unterschiedlichen Standorte zu sprechen. Alpinität definiert sich nicht nur über Fertigkeiten, das kulturelle Erbe oder besondere physiognomische Merkmale, sondern auch als Handlungsspielraum und Ressource.

DAS STADT-LAND-KONTINUUM IM ALPENRAUM – METHODENVERGLEICH ZUR ABGRENZUNG VON STADTREGIONEN IN VERFINGERTEN RAUMSYSTEMEN

Axel Borsdorf, Armin Heller, Daniel Bogner und Karin Bartl

1 Zur Problematik der Abgrenzung von Stadt und Land im Alpenraum

Hochgebirge unterscheiden sich hinsichtlich ihrer naturräumlichen Ausstattung und der Ausbildung ihrer kultur- und wirtschaftsräumlichen Struktur markant von anderen Raumeinheiten. Die räumliche Differenzierung erfolgt vorwiegend vertikal. Über dem Dauersiedlungsraum folgt in großer Nähe zu den Siedlungsverdichtungen die Stufe der Sub- und darauf die der Anökumene. Dies bedingt Charakteristika der wirtschaftsräumlichen Struktur, die alpine Räume von allen anderen unterscheiden. Die Intensitätsstufen landwirtschaftlicher Nutzung sind nur zu einem Teil durch zentral-periphere Ringstrukturen gekennzeichnet, sie werden überlagert von der durch Abnahme der Temperatur und der besonderen Reliefierung (Vorhandensein von Ebenheiten auf Trogschultern und Altflächen) bedingten Höhenstufung der landwirtschaftlichen Nutzung, in der mit zunehmender Höhe Formen der Wanderweidewirtschaft (Almwirtschaft, Transhumanz) zunehmen. Seit dem 19. Jh. hat sich neben der traditionellen Wirtschaft (Landwirtschaft, Bergbau, Verkehr) der Tourismus als wichtige ökonomische Grundlage entwickelt. Neben dem Geschäfts-, Kultur- und Städtetourismus, der auf die Tallandschaften konzentriert ist, hat er vor allem die höheren Höhenstufen, z. T. sogar über der Höhengrenze der Ökumene inwertgesetzt und dabei Infrastrukturen geschaffen, die zuvor auf die Zentralen Orte beschränkt waren. Und schließlich sind zentralörtliche Einzugsbereiche selbst, anders als in flacheren Regionen, nicht in kreisförmiger oder hexagonaler Struktur ausgebildet, sondern bilden lineare, vielfach verfingerte Strukturen entlang der Talräume, was wegen der nötigen Auslastung der zentralörtlichen Einrichtungen zu erheblich größeren Distanzen zum Zentralort führt (vgl. MATZNETTER 1977).

Mit den damit verbundenen Problemen bei der Ausbildung und Bestimmung von zentralörtlichen Systemen und Städtenetzen im Alpenraum beschäftigt sich Michaela PAAL in diesem Band. Im folgenden soll der Frage nachgegangen werden, wie sich der Stadt-Land-Verbund bzw. das Stadt-Land-Kontinuum in den linear verfingerten Raumsystemen des Alpenraums ausprägen. Am Beispiel der Tiroler Landeshauptstadt Innsbruck werden verschiedene Methoden zur Abgrenzung der Stadtregion vorgestellt und diskutiert. Ähnlich wie das Modell der Zentralen Orte (vgl. PAAL in diesem Band) wird auch das Modell der Stadtregion heute intensiv diskutiert und ist mehrfach an die gewandelten sozioökonomischen Rahmenbedingungen angepaßt worden. Im folgenden wird die Stadtregion Innsbruck nach der Methode BOUSTEDT, der ÖSTAT-Methode sowie mittels qualitativer und quantitativer Methoden definiert und die Ergebnisse miteinander verglichen. Der Methodenvergleich dient dem Ziel, Grundlagen für ein vertieftes Verständnis der Stadtregionen im Alpenraum ebenso zu liefern wie Ansatzpunkte für eine verbesserte Abgrenzung von städtischen und ländlichen Räumen im Alpenraum zu finden.

Die Darstellung stützt sich auf die vorläufigen Ergebnisse eines Forschungsprojektes zur Dynamik der Urbanisierung (im folgenden „Virtuelles Projekt"), das mit internationalen Partnern am Beispiel verschiedener Städte in unterschiedlichen Kulturräumen ausschließlich virtuell, d. h. über die wissenschaftliche Ergebnisdarstellung und Diskussion im World-Wide-Web, durchgeführt wird, vgl.

– http://www.business.carinthia.com/bgolob/virp/virphome.html;
– http://geowww.uibk.ac.at/research;
– http://www.oeaw.ac.at/isr.

Innsbruck wurde für dieses Projekt als Pilotstudie ausgewählt, da die Komplexität der Raumstruktur dieser Gebirgsstadt Adaptionen für einfacher strukturierte Stadt-Land-Verbünde erlaubt.

2 Grundlagen der Modellierung: Orographische Raumstrukturen in der Stadtregion Innsbruck

Innsbruck liegt in einer tief eingesenkten, von Osten nach Westen streichenden tektonischen Furche zwischen den aus Sedimentgesteinen aufgebauten Nördlichen Kalkalpen und den kristallinen Zentralalpen auf knapp 600 m Meereshöhe. Die nördlich und südlich gelegenen Gebirgsketten erreichen dagegen Höhen von weit über 2000 m. Infolge dieser großen Reliefenergie sind in nahezu allen Gemeindeflächen der Stadtregion Areale enthalten, die der Sub- und Anökumene zuzurechnen sind, so daß auf Gemeindeflächen umgerechnete Relativdaten einen falschen Eindruck vermitteln. Der Analyse wurde daher primär der Dauersiedlungsraum zugrunde gelegt, nur zu Vergleichszwecken wurden in Einzelfällen zusätzlich die Daten auch auf die Gemeindefläche umgerechnet. Alle im folgenden wiedergegebenen Karten tragen der hypsometrischen Raumgliederung insofern Rechnung, als in ihnen nur der Dauersiedlungsraum (Vollökumene) dargestellt wird.

3 Deduktive Raumgliederungsmodelle

Die Modelle der Stadtregion nach BOUSTEDT und nach ÖSTAT folgen einer deduktiven Logik. Angenommen wird dabei, daß sich der Stadt-Land-Verbund als zentral-peripher gegliederte Raumstruktur darstellt, die von einem Kernraum aus gesehen ein deutliches Kern-Rand-Gefälle aufweist (Gravitationskonzept). Dies kommt in der idealtypischen Darstellung der BOUSTEDTschen Stadtregion sehr gut zum Ausdruck.

Tabelle 1: **Merkmale und Schwellenwerte für die Abgrenzung von Stadtregionen seit 1970**

Zonen der Stadtregion	Verdichtungsmerkmal Einwohner-Arbeitsplatz-Dichte	Struktur-merkmal Agrarquote	Verflechtungsmerkmal Anteil der in das Kerngebiet auspendelnden Erwerbspersonen an den Pendlern insgesamt
Kerngebiet			
Kernstadt	> 600	n.b.	
Ergänzungsgebiet	> 600	n.b.	
Umlandzone			
verstädterte Zone	250 – 600	< 50	> 25
Randzone	< 250	< 50	> 25

Quelle: nach BOUSTEDT 1970.

Die Überlegungen zur Abgrenzung und Differenzierung von Agglomerationsräumen von O. BOUSTEDT (1953) führten in der Bundesrepublik Deutschland zur Definition des Modells der Stadtregion, das in leichter Abänderung auch in der österreichischen Raumforschung angewandt wird (FUCHS 1997). Die Stadtregion gliedert sich nach BOUSTEDT (1953, 1970) in ein Kerngebiet, bestehend aus Kernstadt und Ergänzungsgebiet, wobei das Ergänzungsgebiet, d. h. die um die Kernstadt gelegenen Gemeinden, der Kernstadt in struktureller und funktionaler Hinsicht weitgehend ähnelt. An das Kerngebiet schließt sich im Nahbereich der Umlandgemeinden die sogenannte „verstädterte Zone" an, die bereits durch aufgelockerte Siedlungsstruktur gekennzeichnet ist, aber dennoch noch eine ausgesprochen gewerbliche Erwerbscharakteristik mit starken Penderverflechtungen zum Kerngebiet aufweist. Die Randzone umfaßt weitere Umlandgemeinden in der äußeren Zone der Stadtregion. In ihr nimmt die Agrarerwerbsquote zur Peripherie hin allmählich zu. Dennoch ist auch in der Randzone noch ein erheblicher Pendlerverkehr ins Kerngebiet festzustellen. Zur Abgrenzung der Stadtregion nach außen und zur Ermittlung der inneren Differenzierung verwendete BOUSTEDT Merkmale mit Schwellenwerten, die die Dichte, die Struktur und die Verflechtung der einzelnen Gebietskategorien kennzeichnen.

Aufgrund der dynamischen demographischen und ökonomischen Entwicklung der Nachkriegszeit, die zunehmend außerhalb der Kerngebiete stattfand, war BOUSTEDT gezwungen, sein Modell mehrfach zu modifizieren. Diese Veränderungen betrafen nicht nur die Schwellenwerte, sondern auch die grundlegenden Variablen. Als wichtigste Neuerung der Definition der Stadtregionen wurde 1970 die Einwohner-Arbeitsplatz-Dichte (EAD) herangezogen, die sich nach der Formel Ew. + Arbeitsplätze/km² errechnet.

Das Modell der Stadtregion folgt einer klaren gravitativen inneren Gliederung des Agglomerationsraumes, wie sie für die kompakten Siedlungskörper und die Struktur der Mobilität in der unmittelbaren Nachkriegszeit typisch war (vgl. Abb. 1).

Abbildung 1: **Das Modell der Stadtregion**

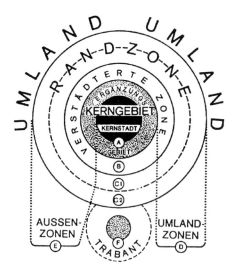

Quelle: nach BOUSTEDT 1970.

Es ist daher fraglich, ob es den heutigen Bedingungen noch gerecht wird. Die Mobilität der Erwerbsbevölkerung hat mit der dynamischen Motorisierung stark zugenommen, was neue Pendlerstrukturen ermöglichte. Zugleich sind durch Suburbanisierungsprozesse nicht nur die Wohngebiete am Stadtrand gewaltig gewachsen, das randliche Wachstum hat in Form von Betriebsverlagerungen und Neuansiedlungen auch den gewerblichen Sektor und tertiäre Einrichtungen (Handel und Dienstleistungen) erfaßt. Freilich ist festzustellen, daß die meisten öffentlichen Personennahverkehrssysteme nach wie vor ihre alte Zentrumsorientierung beibehalten haben, dies ist aber auch ein Faktor für die zunehmende Bedeutung des motorisierten Individualverkehrs in der beruflichen Mobilität.

Karte 1: **Klassifikation der Stadtregion Innsbruck nach BOUSTEDT für die Jahre 1971, 1981 und 1991**

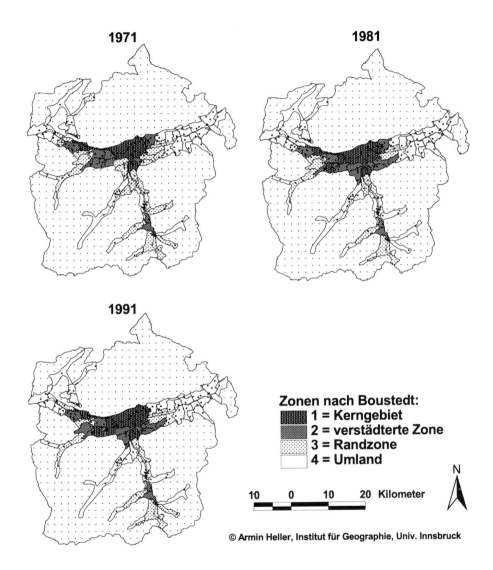

Datengrundlagen: Volkszählungen 1971, 1981 und 1991.
Software: ArcView, S-Plus.
Quellen: ArcAustria, ÖSTAT, BEV, ISIS.

Karte 2: **Die Stadtregion Innsbruck nach dem ÖSTAT-Modell**

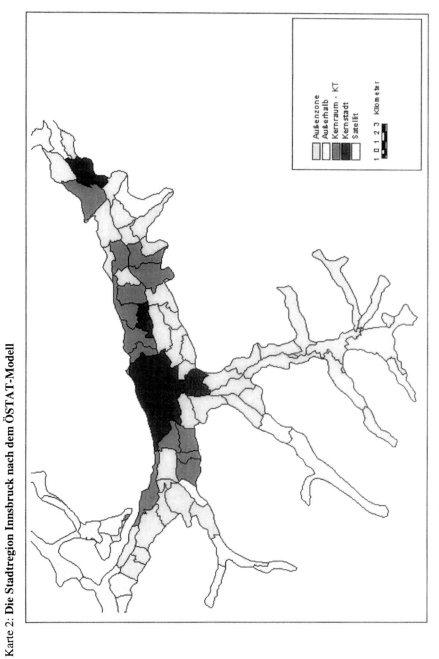

Quelle: HELLER auf Basis von ÖSTAT.

Das in Deutschland angewandte Modell der Stadtregion nach BOUSTEDT (1970) wurde in Österreich aufgrund der dortigen regionalstrukturellen Besonderheiten abgewandelt (ÖSTAT; vgl. FUCHS 1997). Dennoch geht auch das österreichische Modell von der Annahme von Stadtregionen als auf einen hochverdichteten Pol ausgerichtete Raumeinheiten aus. Die österreichischen Stadtregionen besitzen eine Mindesteinwohnerzahl von 15.000. Ihr Kernraum wird definiert als Einheit mit mindestens 10.000 Einwohnern, maximal 6% Agrarquote, mindestens 5.000 nichtagrarischen Erwerbstätigen, mit Siedlungseinheiten, deren Abstand höchstens 600 m beträgt oder/und die mit Berufspendlerströmen verflochten sind (Index wenigstens 35 Punkte) und die einen Arbeitsortindex von zumindest knapp 100 und eine Wohn-/Arbeitsbevölkerungsdichte von wenigstens 200 je ha Gebäudefläche aufweisen. Diesem Kernraum ist eine Außenzone von Gemeinden zugeordnet, die eine kernraumorientierte Auspendlerquote von 30% der Berufstätigen besitzen. Auf dieser Basis wurden 1991 insgesamt 39 Stadtregionen ausgewiesen, die 862 Gemeinden mit 5,1 Mio. Bewohnern umfassen (= 65,8% der österreichischen Bevölkerung; vgl. FUCHS 1997: 76).

Das österreichische Modell der Stadtregion ist als Analysegrundlage den österreichischen Verhältnissen gut angepaßt, es weist als Basis für international vergleichende Untersuchungen aber erhebliche Nachteile auf:

– Es geht von Siedlungseinheiten aus, die physiognomisch erfaßt und abgegrenzt sind und nicht mit Gemeinde- oder Zählbezirksgrenzen übereinstimmen.

– Es beinhaltet Daten und Datenaggregationen, die in anderen Ländern so nicht oder nicht leicht zu erheben sind.

Dieses Modell wird in Abschnitt 5 der Stadtregion nach BOUSTEDT gegenübergestellt.

4 Induktive Modelle

Karin BARTL und Daniel BOGNER, Mitarbeiter am „Virtuellen Projekt", haben einzelne Merkmale der Raumstruktur im Großraum Innsbruck in einer Serie von Karten dargestellt, die die tatsächlichen Siedlungsräume und Verkehrslinien lagegetreu abbilden und die Pendlerströme differenziert darstellen (vgl. Karte 3).

In einer zweiten Kartenserie haben BARTL und BOGNER das Siedlungswachstum (1971–1991), bezogen auf die Bevölkerung und auf die Zahl der Gebäude (relativ und absolut), und schließlich auch die Gebäudenutzung (1991) dargestellt. Um das Ziel, nämlich eine räumliche Gliederung der Stadtregion, zu erreichen, müssen auf der Basis dieser Karten qualitativ und interpretativ unterschiedliche Areale definiert werden (vgl. Karte 4).

Karte 3: **Pendlerströme im Großraum Innsbruck 1991**

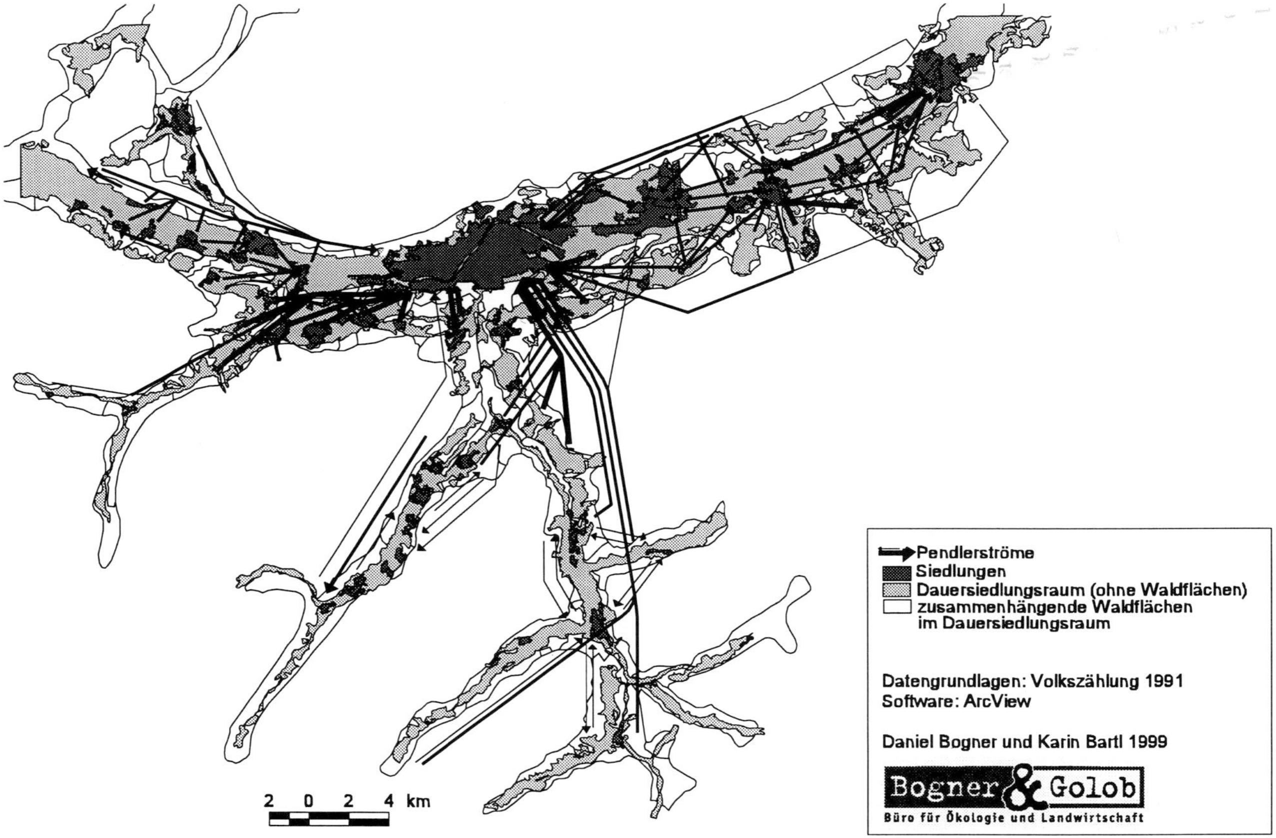

Pendlerströme
Siedlungen
Dauersiedlungsraum (ohne Waldflächen)
zusammenhängende Waldflächen
im Dauersiedlungsraum

Datengrundlagen: Volkszählung 1991
Software: ArcView

Daniel Bogner und Karin Bartl 1999

Bogner & GoLob
Büro für Ökologie und Landwirtschaft

2 0 2 4 km

Karte 4: **Klassifikation des Großraums Innsbruck nach räumlich funktionalen Parametern**

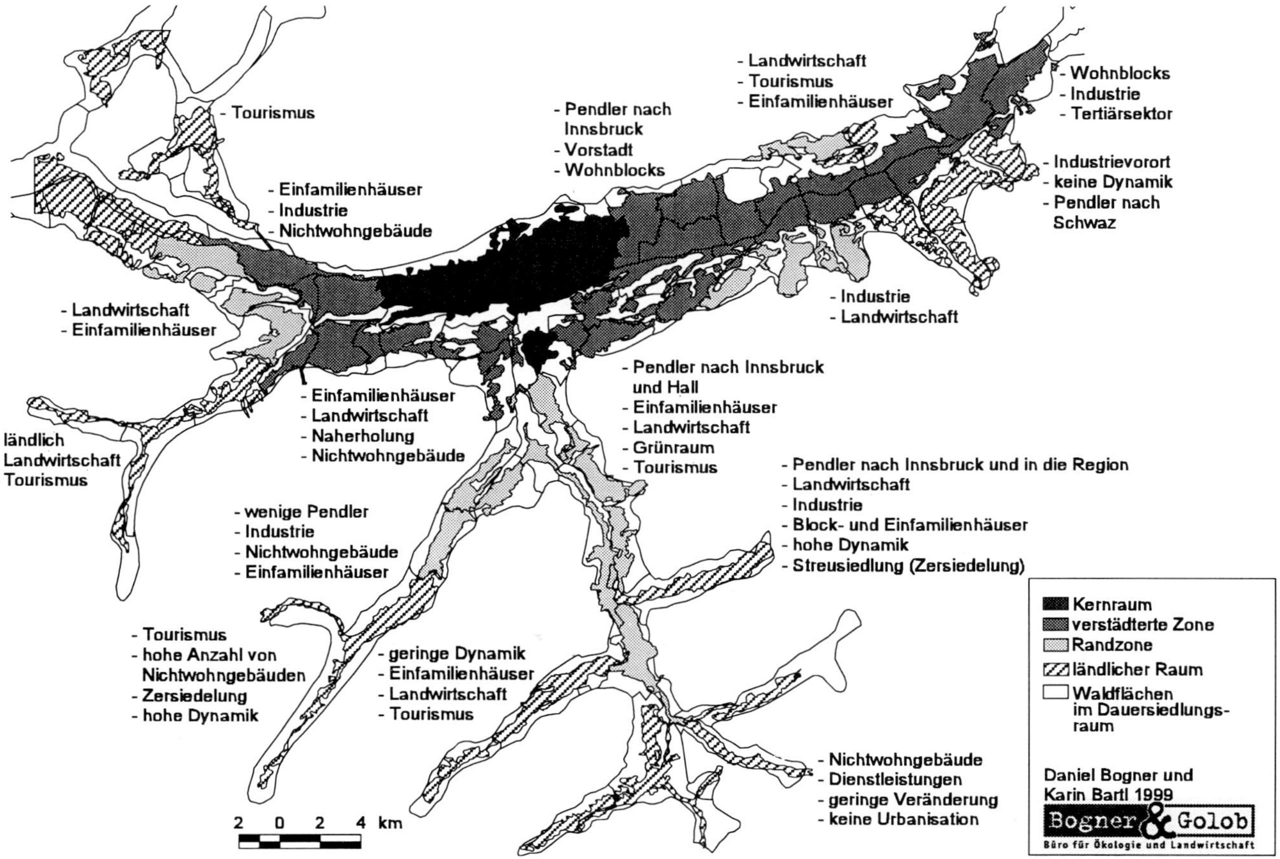

- Tourismus

- Einfamilienhäuser
- Industrie
- Nichtwohngebäude

- Pendler nach
  Innsbruck
- Vorstadt
- Wohnblocks

- Landwirtschaft
- Tourismus
- Einfamilienhäuser

- Wohnblocks
- Industrie
- Tertiärsektor

- Industrievorort
- keine Dynamik
- Pendler nach
  Schwaz

- Industrie
- Landwirtschaft

- Pendler nach Innsbruck
  und Hall
- Landwirtschaft
- Grünraum
- Tourismus

- Einfamilienhäuser

- Pendler nach Innsbruck und in die Region
- Landwirtschaft
- Industrie
- Block- und Einfamilienhäuser
- hohe Dynamik
- Streusiedlung (Zersiedelung)

- Einfamilienhäuser
- Landwirtschaft
- Naherholung
- Nichtwohngebäude

- wenige Pendler
- Industrie
- Nichtwohngebäude
- Einfamilienhäuser

- geringe Dynamik
- Einfamilienhäuser
- Landwirtschaft
- Tourismus

- Nichtwohngebäude
- Dienstleistungen
- geringe Veränderung
- keine Urbanisation

- Tourismus
- hohe Anzahl von
  Nichtwohngebäuden
- Zersiedelung
- hohe Dynamik

- Landwirtschaft
- Einfamilienhäuser

- ländlich
- Landwirtschaft
- Tourismus

- Tourismus

Legende:
- Kernraum
- verstädterte Zone
- Randzone
- ländlicher Raum
- Waldflächen
  im Dauersiedlungs-
  raum

Daniel Bogner und
Karin Bartl 1999

Bogner & Golob
Büro für Ökologie und Landwirtschaft

2 0 2 4 km

Die Analysen von BARTL und BOGNER (Pendler, Gebäudenutzung, Arbeitsplätze, Dynamik) zeigen sehr deutlich, daß die Inntalregion östlich von Innsbruck vom BOU-STEDT-Modell falsch interpretiert wird. Laut BOUSTEDT handelt es sich um eine ländliche Region, in Wirklichkeit jedoch finden sich dort hochgradig verstädterte Gemeinden mit zahlreichen Arbeitsstätten in Gewerbe und Industrie. Ursache für die Fehlinterpretation durch das BOUSTEDT-Modell sind die beiden Parameter PE (Anteil der Pendler nach Innsbruck an den Erwerbstätigen einer Gemeinde) und PP (Anteil der Pendler nach Innsbruck an allen Pendlern einer Gemeinde). Die Gemeinden Hall und Wattens sind vielmehr als neue urbane Zentren zu sehen, die in absehbarer Zeit mit Innsbruck völlig verwachsen sein dürften. Daher ist eine Adaptierung des Modells erforderlich. Eine solche Anpassung wurde im „Virtuellen Projekt" bereits vorgenommen und brachte überzeugende Ergebnisse.

Wenngleich qualitative Analysen eine gewisse Willkür beinhalten, so sind sie dennoch geeignet aufzuzeigen, daß bestehende Modelle nur bedingt anwendbar sind.

Während die Karten von BARTL und BOGNER insofern analytisch und bis zu einem gewissen Grad qualitativ bleiben, als sie jeweils nur ein Merkmal kartographisch darstellen, verfolgt Armin HELLER mit seinem Ansatz eine integrative Sichtweise auf der Grundlage einer multivariaten Methode. Im Rahmen einer Clusteranalyse werden die Gemeinden durch unterschiedliche Merkmale charakterisiert und die einzelnen Raumeinheiten dann nach dem Grad ihrer Ähnlichkeit zu Gruppen zusammengefaßt.

5 Vergleich der induktiven und deduktiven Ansätze

Die auf der Grundlage der BOUSTEDT-Methode erstellten Karten geben im Westen und im Süden ein klares Bild von der Struktur der Stadtregion Innsbruck. 1991 weisen neben der eigentlichen Kernstadt weitere Gemeinden die Eigenschaften des Kernraumes auf. Es sind dies die Nachbargemeinden Rum und Völs, aber auch die auf der Mittelgebirgsterrasse gelegene Gemeinde Götzens. Die verstädterte Zone schließt sich unmittelbar an, wobei im Wipptal die Gemeinde Matrei mit der Vielzahl ihrer hochverdichteten Wohnblocks ebenfalls diese Merkmale fortgeschrittener Verstädterung aufweist. Die Randzonen sind nur zu einem Teil räumlich an die Kern- und verstädterten Zonen angeschlossen, im oberen Wipptal hat sich eine eigene Randzone herausgebildet. So erscheinen nicht nur die Seitentäler des Wipptals und die stadtfernen Gemeinden des Inntals als ländlich geprägt, sondern auch einige der im linearen Stadterweiterungsgebiet des Wipptals gelegene Gemeinden.

Nur z. T. entspricht die nach dem ÖSTAT-Modell definierte Stadtregion diesem Bild. Es muß vorausgeschickt werden, daß hier nur die Stadtregion Innsbruck, nicht aber auch Reutte, Landeck und Kufstein betrachtet werden. Auch der Osttiroler Raum (Stadtregion Lienz), der in der Karte aufgrund fehlender Abgrenzung des Dauersiedlungsraumes auf Gemeindeflächen bezogen dargestellt ist, wird nicht behandelt.

Demnach ergibt sich ein geschlossenes Areal der Stadtregion mit klarer Kern-Rand-Struktur. Die drei Gemeinden Telfs, Pfaffenhofen und Oberhofen erscheinen als Satellit mit gewisser Eigenständigkeit. Die verstädterte Zone (hier „Kernraum ohne Kernstadt" genannt) ist räumlich zersplittert. Die der räumlichen Wirklichkeit entsprechende Existenz von weiteren traditionellen Städten (Hall, Schwaz) kommt hier besser zum Ausdruck als in der Karte, die nach BOUSTEDT entwickelt wurde. Der Vorteil einer an die traditionellen regionalen Strukturen angepaßten Methode, wie sie vom ÖSTAT für Österreich entwickelt wurde, tritt hier besonders deutlich hervor. Eine solche Vorgehensweise stellt aber eine zu starke Anpassung an idiographische Besonderheiten dar, als daß sie als Grundlage eines internationalen Vergleichs in Frage käme. Die ÖSTAT-Abgrenzung vermittelt unter dem Aspekt der Idiographie zwischen dem rein deduktiven und stark generalisierten Modell BOUSTEDTS und den rein idiographisch ausgerichteten Ansätzen, die im folgenden interpretiert werden. Sie kommt der räumlichen Wirklichkeit näher als die BOUSTEDT-Karte, ist aber bei weitem noch nicht so genau, wie die Karten von BARTL und BOGNER.

Die Karte der Pendlerverflechtungen geht über den Ansatz von BOUSTEDT hinaus, da sie nicht nur die kernorientierten Pendlerströme darstellt, sondern die Gesamtheit der interkommunalen Wohn-Arbeitsstätten-Mobilität.

Im Vergleich ermöglicht die Klassifikation nach räumlich funktionalen Parametern (vgl. Karte 4) interessante Aussagen über die Faktoren des Flächenverbrauchs. Im Kerngebiet überwiegen die verdichtete Bauweise und die gewerbliche Nutzung (Bürogebäude), in den Randgemeinden findet dagegen Wohnsuburbanisierung statt. Eine intensivere Interpretation würde viele weitergehende Ergebnisse bringen, die in diesem Zusammenhang zunächst noch nicht zur Diskussion gestellt werden.

Auch der Ansatz von HELLER mit den von ihm durchgeführten Clusteranalysen folgt einer induktiven Logik, weil das Resultat in jedem Fall überraschend ist und anschließend interpretiert werden muß.

Die Clusteranalyse, eine multivariate statistische Analysemethode aus dem Bereich der „strukturentdeckenden Verfahren", geht von einem gegebenen Datensatz aus, über den keine Strukturmerkmale bekannt sind. Die charakteristischen Eigenschaften der Objekte (hier: Gemeinden) werden mit Variablen (hier: Bevölkerungsdichte, Einwohner-Arbeitsplatz-Dichte, Agrarquote, Pendler) beschrieben. Ziel der Algorithmen ist es, automatisch Klassen oder Gruppen (Cluster) so zu bilden, daß die Gemeinden innerhalb einer Klasse einander möglichst ähneln (homogene Klassen), die Klassen untereinander zugleich aber möglichst unähnlich (inhomogen) sind. Vorteile dieses Verfahrens sind seine „Unbestechlichkeit" und Reproduzierbarkeit sowie die Möglichkeit der Integration einer Vielfalt von Variablen, die mit nichtmultivariaten Methoden nicht mehr bewältigt werden können.

Die Clusteranalysen wurden mit verschiedenen Algorithmen des Statistikprogrammes S-Plus 4.5 gerechnet. Die starke Übereinstimmung der Ergebnisse verschiedenster Rechenverfahren läßt auf eine deutliche Struktur in den vorliegenden Datensätzen schließen. Um eine Vergleichbarkeit der Ergebnisse mit dem BOUSTEDT-Modell zu gewährleisten, wurde die Zahl der Cluster mit vier vorgegeben und auch die Variablen entsprechend diesem Modell gewählt:

Dichte = Bevölkerungsdichte
EAD   = Einwohner-Arbeitsplatz-Dichte
PP   = Anteil der Pendler nach Innsbruck an allen Pendlern einer Gemeinde
PE   = Anteil der Pendler nach Innsbruck an den Erwerbstätigen einer Gemeinde
AQ   = Agrarquote

Demnach ergibt sich folgende Raumgliederung: Das Kerngebiet ist gekennzeichnet durch extrem hohe Mittelwerte bei den auf [0,1] normierten Variablen Bevölkerungsdichte (0,75–1,00) und Einwohner-Arbeitsplatz-Dichte (0,75–1,00). Die Agrarquote ist hingegen extrem niedrig (0,00–0,25). Die Pendlerströme liegen in der oberen Hälfte (PE: 0,50–0,75; PP: 0,75–1,00). Die verstädterte Zone zeigt für Bevölkerungsdichte, Einwohner-Arbeitsplatz-Dichte und Agrarquote sehr geringe Werte (jeweils 0,00–0,25). Die Pendlerwerte sind mit jenen des Kerngebietes identisch. Die Randzone entspricht in Bevölkerungsdichte, Einwohner-Arbeitsplatz-Dichte und Agrarquote der verstädterten Zone, weist aber andere Pendlerstrukturen auf (PE: 0,00–0,25; PP: 0,25–0,50). Das Umland (ländlicher Raum) ist durch eine dominante Agrarquote gekennzeichnet (0,50–0,75), alle anderen Variablen zeigen nur geringe Werte der Bevölkerungsdichte und Einwohner-Arbeitsplatz-Dichte (< 0,25; PP: 0,25–0,50; PE: <0,25). Abb. 2 zeigt die Variablenmittelwerte der Zonen schematisch.

Die räumliche Entwicklung der Stadtregion Innsbruck auf der Basis dieser Clusteranalysen (Complete Linkage Methode) ist in Karte 5 wiedergegeben. Im Jahre 1971 bestand das Kerngebiet aus der Gemeinde Innsbruck und den Satelliten Hall in Tirol und Matrei am Brenner. Im Jahre 1981 kam die Gemeinde Rum, bislang der verstädterten Zone zugehörig, die sich in den 70er Jahren zu einem Standort mit hochverdichteter Einzelhandels- und Gewerbestruktur entwickelt hatte, zum Kerngebiet hinzu. Dies spiegelt sich nicht nur in einer Zunahme der Bevölkerungsdichte, sondern vor allem in einem markanten Wachstum der Einwohner-Arbeitsplatz-Dichte wider. In den 80er Jahren nahm die Innsbrucker Randgemeinde Völs eine ähnliche Entwicklung. Auch dort wurden damals große Flächen mit Handels- und Gewerbeeinrichtungen überbaut. 1991 gehört Völs daher ebenfalls zum Kerngebiet.

1971 bestand die verstädterte Zone noch aus 21 Gemeinden, war 1981 aber bereits auf 27 Gemeinden angewachsen. Nach dem Ausscheiden von Völs (Kerngebiet) bestand sie 1991 nur noch aus 26 Gemeinden, was auch belegt, daß der Suburbanisierungsprozeß in die verstädterte Zone in den 80er Jahren seine Dynamik eingebüßt hat. Aufschlußreich ist, daß die starke Suburbanisierungstendenz der 70er Jahre nicht die Randzone betraf, sondern den ländlichen Raum (Umland). In den Gemeinden Navis, Rinn, Polling in Tirol, Pettnau, Gries im Sellrain, Ranggen, Unterperfuss, Trins und Ampass ist die Agrarquote in dieser Zeit um jeweils mehr als 50% zurückgegangen. Umgekehrt sind 1991 wieder einige Gemeinden zum Umland rückklassifiziert worden. Diese Entwicklung geht nicht auf eine eventuelle Reagrarisierung zurück, sondern auf markante Änderungen der Pendlerstruktur.

Abbildung 2: **Die Variablenwerte in gravitativer Abhängigkeit Kerngebiet ➠ verstädterte Zone ➠Randzone ➠ Umland**

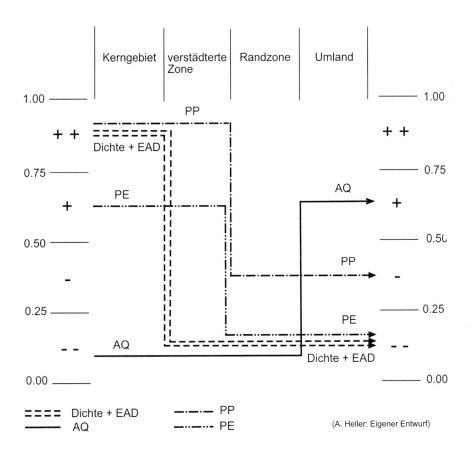

(A. Heller: Eigener Entwurf)

Die Randzone umfaßte 1971 21, in den Folgedezennien jeweils 20 Gemeinden. Sie liegen in den Randtälern des Wipp- und Inntals (Stubaital, Leutasch und Seefelder Becken) sowie im Ober- und Unterinntal. Gemeinden, die 1981 und 1991 vom Umland zur Randzone wechselten, zeigen einen Rückgang in der Agrarquote, die Werte der Pendlervariablen liegen allerdings unter den Werten der Gemeinden, die direkt vom Umland in den Kernraum wechselten.

Den einschneidendsten Wandel zeigt das Umland, d. h. der ländliche Raum. Von den 22 Kommunen, die noch 1971 dieser Raumkategorie zuzuordnen waren, gehörten 1981 und 1991 jeweils nur noch sechs dieser Klasse an. Dennoch weisen auch die verbliebenen Gemeinden Vals, St. Sigmund im Sellrain, Obernberg, Gries am Brenner, Tulfes und Flaurling einen Rückgang der Agrarquote auf, der jedoch nicht durch

Karte 5: **Ergebnisse der Clusteranalysen für 1971, 1981 und 1991**

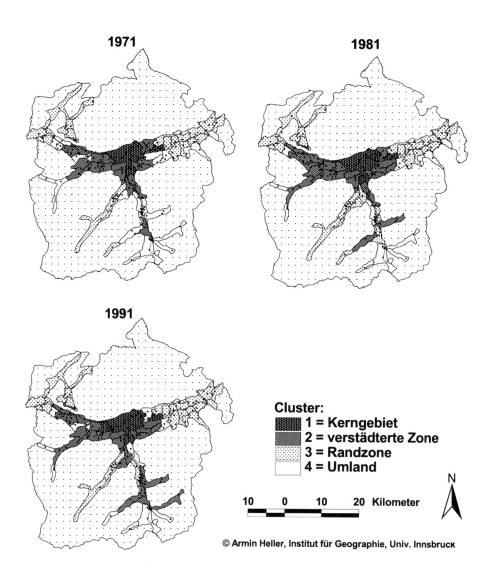

Datengrundlagen: Volkszählungen 1971, 1981 und 1991.
Software: ArcView, S-Plus.
Quellen: ArcAustria, ÖSTAT, BEV, ISIS.

eine Zunahme der Pendlervariablen in einem Ausmaß begleitet wird, der ihre Klassifikation als zur Randzone gehörend erlaubt. Sie haben ihre ländliche Struktur daher noch weitgehend bewahrt.

6 Zusammenfassung

Zusammenfassend kann man feststellen, daß das BOUSTEDT-Modell starke Generalisierungen mit sich bringt und sich gerade deswegen für internationale Vergleichsstudien gut eignet. Es stellt aber nur einen Teil der räumlichen Wirklichkeit dar und muß vor jeder Anwendung an die örtlichen Gegebenheiten adaptiert werden. Dieser Anpassungsprozeß setzt vorangehende qualitative Analysen voraus. Das ÖSTAT-Modell der Stadtregion, speziell entwickelt für Österreich, kommt der realen Raumstruktur schon näher.

Als Basis für das Verständnis der räumlichen Strukturen und Prozesse im Großraum Innsbruck stellen Karten nach den ausgewählten Merkmalen die Raumstruktur sehr genau dar. Sie sind jedoch analytisch und beziehen sich nur auf wenige Merkmale. Raumtypisierungen sind auf dieser Grundlage nur qualitativ möglich.

Die Clusteranalysen sind wesentlich komplexer angelegt und beinhalten mehrere Merkmale. Sie erbringen eine Raumtypisierung aufgrund der relativen Ähnlichkeiten von Raumeinheiten. Im vorgestellten Berechnungsbeispiel hat sich gezeigt, daß die erstellten Karten der tatsächlichen Raumstruktur sehr genau und den inneren und äußeren Grenzen der Stadtregion, wie sie auf der Basis des BOUSTEDT-Modells bzw. des ÖSTAT-Modells ermittelt wurden, weitgehend entsprechen. Dabei zeigte sich erstaunlicherweise auch, daß die relativ kompliziert zu ermittelnde Einwohner-Arbeitsplatz-Dichte wegen ihrer Kongruenz zu den Werten der einfach zu erhebenden Bevölkerungsdichte zumindest in der Fallstudie keinen zusätzlichen heuristischen Gewinn bringt und daher als Abgrenzungsvariable verzichtbar wäre. Ob diese Folgerung allgemeingültig ist, wird in weiteren Fallstudien im Rahmen des „Virtuellen Projektes" zu überprüfen sein. Zumindest für Innsbruck gilt aber, daß die Clusteranalyse zur Ermittlung der Abgrenzung und inneren Differenzierung der Stadtregion das zutreffendste Ergebnis erbracht hat.

Ein grundlegender Unterschied der hier vorgestellten Modelle liegt im logischen Zugang. Das Modell der Stadtregion geht prinzipiell von der hypothetischen Grundlage der Existenz eines gravitativ strukturierten Raumsystems aus, das sich in der Grundstruktur als Kern-Rand-Gefälle verstehen läßt. Die Clusteranalysen benötigen ein solches Grundmodell nicht, ihr Ergebnis wird völlig induktiv ermittelt. Es stellt sich die Frage, ob gravitative Raummodelle der räumlichen Wirklichkeit und den Handlungsstrukturen der (post)modernen Gesellschaft noch entsprechen. Dies wird auch aus der aktuellen Diskussion in Deutschland um das Modell der Zentralen Orte deutlich. Distanzen und Gravitäten relativieren sich in einer hochmobilen und zunehmend erlebnisorientierten Gesellschaft. Clusteranalysen sind in dieser Hinsicht objektiver, weil sie vorhandene Raumstrukturen ohne Rücksicht auf tradierte Raumvorstellungen wiedergeben.

Zumindest für Innsbruck und – wie noch zu überprüfen sein wird – für alpine Städte allgemein kann konstatiert werden, daß die traditionellen Kern-Rand-Vorstellungen, die den Modellen der Stadtregion zugrunde liegen, trotz erhöhter Mobilität und veränderter Aktionsräume der Bevölkerung der tatsächlichen Raumstruktur in alpinen urban-ruralen Raumsystemen immer noch entsprechen. Die Notwendigkeit, Raumstrukturen statt in Form von Distanzmodellen in Handlungsmodellen darzustellen, wie dies für die komplexen Netzstrukturen nichtalpiner Räume gefordert wird (GEBHARDT 1996; PRIEBS 1996), ist in alpinen, verfingerten Raumsystemen somit noch nicht gegeben.

Literatur

BLOTEVOGEL, H. H., 1996. Zentrale Orte: Zur Karriere und Krise eine Konzeptes in der Regionalforschung und Raumordnungspraxis. Informationen zur Raumentwicklung 10. Bonn: 617–629.

BOCK, H. H., 1974. Automatische Klassifikation. Theoretische und praktische Methoden zur Gruppierung und Strukturierung von Daten. Göttingen.

BORSDORF, A., 1999. La qualité de vie dans les villes alpines. Le cas d'Innsbruck. Revue de Géographie Alpine 87, 4: 81–91.

BOUSTEDT, O., 1953. Die Stadtregion. Ein Beitrag zur Abgrenzung städtischer Agglomerationen. Allgemeines statistisches Archiv 37: 13–26.

BOUSTEDT, O., 1970. Stadtregionen. In: AKADEMIE FÜR RAUMFORSCHUNG UND LANDESPLANUNG (Hg.). Handwörterbuch der Raumforschung und Raumordnung. 2. Aufl. Hannover: Sp. 3207–3237.

FRALEY, C. und A. E. RAFTERY, 1991. MCLUST: Software for Model-Based Cluster and Discriminant Analysis. University of Washington – Department of Statistics, Technical Report 342. Seattle.

FUCHS, I., 1997. Stadtregionen 1991 – Das Konzept. Statistische Nachrichten 2: 76–83.

GEBHARDT, H., 1996. Zentralitätsforschung – ein „Alter Hut" für die Regionalforschung und Raumordnung heute? Erdkunde 50, 1: 1–8.

GÖDDECKE-STELLMANN, J., 1998. Stadtregionen in Deutschland – eine Neuabgrenzung. In: EGELN, J. (Hg.). Städte vor neuen Herausforderungen. Baden-Baden: 219–240.

HELLER, A., 1997. Neue Typen der Agrarstruktur Österreichs – Automatische Klassifikation mit Clusteranalyse und GIS. Innsbrucker Geographische Studien 27. Innsbruck.

KAUFMAN, L. und P. J. ROUSSEEUW, 1990. Finding Groups in Data: An Introduction to Cluster Analysis. New York.

MATZNETTER, J., 1977. Bezugsfelder und zentralörtliche Systeme in europäischen Hochgebirgen. Eine theoretische Skizze. In: JENTSCH, C. (Hg.). Beiträge zur geographischen Methode und Landeskunde. Mannheimer Geographische Arbeiten 1. Mannheim: 73–95.

MESSERLI, P., 1999. Sind die Städte in den Alpen besondere Städte? Revue de Géographie Alpine 87, 2: 65–76.

PERLIK, M., 1999. Urbanisationszonen in den Alpen – Ergebnis wachsender Pendeldistanzen. Revue de Géographie Alpine 87, 2: 147–166.

PRIEBS, A., 1996. Städtenetze als raumordnungspolitischer Handlungsansatz – Gefährdung oder Stütze des Zentrale-Orte-Systems? Erdkunde 50: 35–45.

RACINE, J.-B., 1999. Introduction – La ville alpine entre flux et lieux, entre pratiques et représentations. Revue de Géographie Alpine 87, 1 : 111–118.

STATISTICAL SCIENCE (Hg.), 1997a. S-Plus. Guide to Statistics Version 4.5. Seattle: MathSoft Inc.

STATISTICAL SCIENCE (Hg.), 1997b. S-Plus. User's Manual. Version 4.5 Seattle: MathSoft Inc.

STIENS, G., 1990. Zur Notwendigkeit der Abkehr vom herkömmlichen Zentrale-Orte-Konzept in der Raum- und Infrastrukturplanung. In: HENKEL, G. (Hg.). Schadet die Wissenschaft dem Dorf? Essener Geographische Arbeiten 22. Paderborn: 89–109.

STIENS, G., 1996. Zentrale Orte im Wandel der Anforderungen. Informationen zur Raumentwicklung 10. Bonn: 617–712.

VENABLES, W. N. und B. D. RIPLEY, 1996. Modern Applied Statistics with S-Plus (= Statistics and Computing). Berlin.

GLOBALISATION ET IDENTITÉ DANS LE SUD DE L'ARC ALPIN: LES ALPES-MARITIMES ET NICE

Gérard-François Dumont

1 Introduction

En l'an 6 avant Jésus-Christ, le Sénat romain décide de commémorer la pacification du sud des Alpes par Auguste, la construction de nouvelles voies et le libre passage entre l'Italie et la Gaule. Est alors érigé, là où les Alpes se jettent dans la Méditerranée, le trophée de la Turbie, situé entre les villes actuelles de Nice et de Menton, et au-dessus de la Principauté de Monaco. Après bien des vicissitudes, ce monument, consolidé au XIXe siècle, a retrouvé son inscription d'origine indiquant la liste des peuples alpins soumis par l'empereur.

2 Une position géographique exceptionnelle

Deux millénaires plus tard, ce trophée symbolise toujours l'extraordinaire positionnement géographique du département des Alpes-Maritimes, de Nice, et de l'agglomération azuréenne qui compte, outre son chef-lieu, des communes renommées dans le monde entier, comme Cannes (et son Festival du film), Grasse (son industrie des parfums), Antibes (son festival de jazz), ou Menton (sa fête aux citrons).

Les villes des Alpes-Maritimes se trouvent, effectivement, au carrefour de deux grands axes géographiques, l'arc alpin et l'arc latin, mais dans une position relative fort différente par rapport à ces deux arcs. Le premier d'entre eux correspond à l'arc latin ou méditerranéen qui étend son croissant de Rome à Valence en passant par Florence, Gênes, Nice, Marseille, Montpellier, Perpignan et Barcelone. Considéré dans son ensemble, cet axe s'est trouvé plutôt délaissé[14] dans la construction d'une Europe plus préoccupée de ses terres intérieures que de ses façades maritimes. Il est vrai que l'entrée de l'Espagne dans l'Union Européenne est récente, mais essentielle, car les

---

[14] Dernier exemple, le report, en 1999, par le gouvernement français de la réalisation du T.G.V. (train à grande vitesse) qui doit relier le Languedoc-Roussillon à Barcelone.

agglomérations françaises de l'ouest de l'arc latin (Montpellier et Perpignan) sont démographiquement bien modestes par rapport à Valence et plus encore Barcelone.

Certaines agglomérations de l'arc latin – et par exemple les deux grands ports espagnols ou la Côte d'Azur – connaissent un essor remarquable, mais leur développement ne résulte guère d'une synergie que la géographie méditerranéenne devrait pourtant faciliter. Ainsi, l'étude des relations entre Nice et Marseille, deux agglomérations qui appartiennent à la même région administrative française (Provence-Alpes-Côte-d'Azur) met en évidence un dualisme constant qui minore souvent l'efficience attendue d'une bonne complémentarité réticulaire. En fait, notamment pour des raisons historiques, ces deux villes ne regardent pas dans la même direction, ce qui peut expliquer leur relative indifférence réciproque, parfois accentuée par les décideurs parisiens, qui alimente les comportements de certains acteurs locaux peu compatibles avec l'esprit d'ouverture européenne. Marseille a toujours vécu de la mer, de son port et de ses industries, et sait « faire les yeux doux » à Paris pour que la capitale politique de la France ne l'oublie pas dans ses subventions. En outre, l'une de ses priorités semble aujourd'hui davantage porter sur le couloir rhodanien que sur l'est de sa région.[15] En revanche, la Côte d'Azur, longtemps isolée géographiquement, sans pôle historique de développement, faisant partie de la Savoie jusqu'au XVIIIe siècle, tire ses richesses de l'exploitation d'un climat et d'un site qui doit autant aux Alpes qu'à la Méditerranée. L'attraction des hommes pour la montagne, qui se constatait du côté du Comté de Nice, et non sur la rive droite du Var, s'expliquait également par les dangers issus de la mer, tels que la piraterie, qui a fait des ravages le long des côtes.

3 Histoire et identité

Le département des Alpes-Maritimes se trouve au sud de l'arc alpin (DUMONT 1998) plus précisément à l'extrémité sud-ouest d'un arc qui s'étale de l'Autriche à la France en incluant la Slovénie, le Liechtenstein, la Bavière, la Suisse, un croissant nord de la botte Italienne et Monaco. Le charme de sa frange littorale tient au mariage entre la mer et la montagne, et son identité historique[16] est très liée à son appartenance à l'arc alpin. Terre au riche passé préhistorique,[17] les Alpes-Maritimes naissent quel-

---

[15] Cette relative dualité Marseille-Nice a son parallèle à l'Est avec la dualité Nice/Imperia d'un côté et Gênes de l'autre, Imperia et Gênes faisant parti de la même région italienne, la Ligurie.

[16] Comme le montrent les recherches archéologiques, la présence humaine dans cette région est attestée dès la préhistoire.

[17] Il faudrait par exemple citer cette « civilisation » de la vallée des Merveilles, dont le musée départemental de Tende, ouvert en 1997, résume excellemment l'importance.

ques années avant notre ère lorsque les Romains créent cette province après leur victoire sur les Celto-Ligures qui la peuplent. Uni au Moyen Age dans le Comté de Provence sous l'autorité des familles de Barcelone puis d'Anjou, le pays se déchire lors de la succession de la reine Jeanne: la région niçoise reconnaît la souveraineté du duc de Savoie par la dédition de 1388, tandis que celle de Grasse reste à la Provence, puis revient à la couronne de France en 1481.

En 1792, la conquête du Comté de Nice par les troupes révolutionnaires françaises lui rétablit le nom d'Alpes-Maritimes, seul exemple d'un département qui se réfère de la sorte à l'antiquité romaine.

En 1814, à la chute de l'Empire, la province de Nice est restituée au Roi de Piémont. En 1860, en échange de son soutien aux patriotes péninsulaires, la France obtient les provinces de Savoie et de Nice, qui viennent de voter par plébiscite leur réunion à la France, suite à la réalisation de l'unité italienne. Le nouveau département des Alpes-Maritimes est alors constitué, avec l'arrondissement de Grasse démembré du département du Var par la loi du 23 juin 1860.[18] Toutefois, la Haute Roya, bien que liée à Nice par l'histoire, reste terre italienne pour des raisons stratégiques et ce n'est qu'en 1947, à l'issue de la seconde guerre mondiale, que Tende et la Brigue rejoindront le département des Alpes-Maritimes.

Un demi-siècle plus tard, en juin 1997, la municipalité de Nice organise les premiers Etats généraux de l'identité niçoise, répondant ainsi aux attentes de certaines associations culturelles qui, avançant cette notion, en exigeaient sa reconnaissance.[19] Une Charte identitaire, approuvée tout à la fois par les partenaires culturels et institutionnels, en est issue. Elle doit servir de véritable cahier des charges pour un groupe de responsables politiques et associatifs invités à suivre les débuts de mise en application de programmes aussi précis que variés. Elle prévoit, outre la mise en place de labels de la gastronomie niçoise, un programme de signalétique du cœur historique de la Cité – le vieux Nice – ainsi que la production d'outils multimédias en langue niçoise pouvant tout à la fois servir à la formation initiale des élèves et à la formation continue des habitants de Nice. La Charte identitaire et ses projets forment un ensemble de déclarations symboliques ou d'exposés techniques qui tendent à actualiser aujourd'hui l'idée d'une identité niçoise dont les éléments constitutifs méritent publicité et préservation (DUMONT 1998).

La même année 1997, le 18 septembre, le Président du Conseil Général des Alpes-Maritimes, GINESY (1995) confirme la volonté de promouvoir l'identité de ce territoire du sud de l'arc alpin en présentant la médaille d'honneur départementale qu'il vient

---

[18] La loi n° 7792 du 23 juin 1860 précise exactement dans son article 1er: « Le territoire de Nice et de l'arrondissement de Grasse, distrait du département du Var, composent le département des Alpes Maritimes ».

[19] Cette démarche s'inscrivait notamment en réaction aux atteintes à l'identité, et par exemple aux atteintes architecturales à l'identité .

d'instituer: elle porte au verso la date de création du département – 23 juin 1860 – qui résulte de la réunion de deux territoires dissemblables cités ci-dessus et dont les relations séculaires n'ont guère été rendues aisées tant par la frontière politique que par ce tempétueux fleuve du Var, capable de crues brutales et dévastatrices, impossibles à prévoir.[20] Le fleuve Var demeure donc, au centre du département, une frontière culturelle historique entre le Comté de Nice rattaché récemment à la France et l'est de la Provence.

La médaille départementale représente les éléments caractéristiques de l'identité des Alpes-Maritimes, associant histoire, géographe, et architecture. Les quatre symboles de la médaille (mélèze, palmier, lys et croix) rappellent les deux ensembles géographiques et les deux ensembles historiques qui constituent le département des Alpes-Maritimes: Alpes méridionales au nord du département, littoral méditerranéen au sud, ancien comté de Nice à l'est du Var et Provence orientale à l'ouest.[21]

Le mélèze, conifère noble des espaces boisés d'altitude du massif alpin, porte des aiguilles fines et caduques qui illuminent les automnes du haut pays. Apprécié pour la qualité de son bois, il a toujours eu une place privilégiée dans l'économie traditionnelle.

Le palmier, plus que tout autre végétal exotique, s'est répandu sur le littoral azuréen dans les parcs et jardins des hivernants qui ont afflué sur la côte à la fin du XIXe siècle en raison du cadre exceptionnel et de la douceur de son climat. Le palmier symbolise cette Côte d'Azur moderne, riche de ses apports extérieurs et de son économie touristique.

La fleur de lys figure au centre des armes de Provence, celles de la famille d'Anjou qui a préservé son autorité sur la région grassoise après 1388, lors de la dédition de Nice à la Savoie, créant pendant près de cinq siècles une frontière entre deux Etats sur le fleuve Var. On retrouve la fleur de lys, symbole de l'ancienne France, d'une Provence longtemps royale, sculptée sur les bornes qui jalonnaient cette frontière.

La croix, adoptée par la famille de Savoie dans ses armes, est l'emblème du Comté de Nice, qui a souvent fait partie des Etats de Savoie; elle se trouve, quant à elle, gravée sur la face des bornes frontières tournées vers le royaume Sarde.

Pour rassembler ces quatre éléments issus de l'histoire et de la géographie, la médaille départementale dessine une colonne quadrilobique, celle couramment retrouvée sur les frontons et dans les chapelles romanes des Alpes-Maritimes.

---

[20] Diverses crues importantes se sont produites, avec notamment de gros dégâts par inondation dans la basse plaine du Var en 1996. Quant à l'écroulement de la digue du nouveau port de commerce de Nice en construction au sud de la plate-forme de l'Aéroport, le 16 octobre 1979, faisant suite à des pluies diluviennes et à une crue importante, il semble avoir été causé plus directement par un effondrement sous-marin, par accumulation de limon issu de la crue.

[21] Selon la note officielle de présentation du Conseil Général.

L'année de la création (1997) de la médaille départementale n'est pas le fait du hasard: 137ᵉ année après l'établissement du département par la loi du 23 juin 1860, promulguée par Napoléon III, c'est surtout le cinquantenaire du rattachement de deux communes, Tende et la Brigue à la France (16 septembre 1947). Le choix de cette date souligne bien l'importance des effets de frontière dans les Alpes-Maritimes, frontière maritime, frontière actuelle vers l'Italie renforcée pendant la période où le désir d'intégration des immigrants italiens était important, et frontière du fleuve Var qui laisse encore des traces. Ainsi Grasse a toujours plutôt regardé vers Aix-en-Provence, et non vers Turin, et aujourd'hui ne soutient guère le voeu niçois d'être le siège d'une Cour d'appel.

4 La dimension alpine de l'identité

Ces deux événements de l'année 1997 montrent l'attachement du sud de l'arc alpin à son identité. On pourrait en présenter d'autres exemples en constatant par exemple les efforts de réhabilitation des chapelles – et notamment des chapelles dites « primitives », c'est-à-dire des XVe et XVIe siècles, grande période des peintres niçois de la fin du Moyen Age,[22] ou baroques –, l'effort pour pérenniser la tradition des pénitents, sortes d'associations d'entraide sociale vouées à un but religieux, charitable ou social. L'art religieux des Alpes-Maritimes (BEAUCHAMPS 1993), en fait disséminé sur l'ensemble du département, apporte deux enseignements très importants sur l'identité du sud de l'arc alpin.

D'abord la diversité géographique des édifices religieux prouve que, malgré la configuration alpine du territoire, la région n'a jamais été complètement isolée ou repliée sur elle-même. Même si les hauts massifs, les vallées très encaissées provoquaient un certain isolement, les échanges intra-alpins étaient constants. Par ailleurs l'abbaye de Podora (Borgo San Dolmazzo), près de Coni, possédait plusieurs prieurés dans le diocèse de Nice, et l'abbaye de Lérins, toujours vivante dans les îles du même nom situées dans la baie de Cannes, entretenait des prieurés et des possessions dans les diocèses de Vintimille, d'Albenga et de Gênes.

Ensuite, l'art sacré et plus généralement l'architecture des Alpes-Maritimes ne sont pas issus directement des plaines, mais des Alpes, comme l'atteste l'importance des monuments religieux et civils réalisés ou inspirés par des architectes piémontais et ligures: nombre d'édifices rappellent Chambéry et ne se retrouvent guère à Draguignan ou Avignon.

---

[22] Ces peintres traversaient les Alpes au gré de leurs ouvrages et venaient souvent de Turin où étaient la capitale et la Cour.

Cet exemple montre que l'identité historique des Alpes-Maritimes est beaucoup plus alpine que le croit le touriste de passage sur la promenade des Anglais. Jusqu'au milieu du XIXe siècle, l'essentiel de la vie active du département est concentré dans la zone de montagne et le relatif essor économique est rendu possible grâce à d'importants flux d'échanges alpins. En toute logique, les Alpes-Maritimes exploitent deux grandes voies de circulation, permettant notamment un volumineux trafic de sel, entre la mer et Turin.

Aujourd'hui, l'identité des Alpes-Maritimes et l'identité niçoise (BARELLI et ROC-CA 1995), qui plongent leurs racines dans une lointaine histoire, ne sont pas laissées à l'abandon. De fait, cette région est sans doute la seule de France où l'éducation nationale organise l'enseignement de trois langues spécifiques; le nissard, le provençal, le corse (en raison d'une présence insulaire importante), et le contrôle de l'enseignement du monégasque à Monaco.

5 La prédominance de la Côte d'Azur, première phase d'internationalisation

Au XIXe siècle, Nice fait peu à peu prospérer le charme de son climat qui avait commencé d'attirer des Anglais vers les années 1750. L'internationalisation s'accentue dès que Gênes entre, en 1815, dans la sphère piémontaise, et devient le port du Piémont, rôle précédemment dévolu à Nice (HERMITTE 1969). Dans un climat d'agriculture attardée, d'industrie quasi-inexistante et de trafic restreint, le Comté de Nice joue la carte de la fonction d'accueil. A la suite de Lord et Lady Cavendish, les premiers Anglais retiennent Nice pour hiverner, car cette ville de 16 000 habitants possède un minimum de services et se trouve au delà de la frontière de la France, l'ennemi héréditaire. Ils sont très tôt suivis par les Russes, dont la flotte louera la rade de Villefranche.

Durant une première période, alors que l'internationalisation des échanges est encore mesurée, le grand axe économique demeure l'axe Nice-Turin via Tende. Son importance est confirmée par le percement du tunnel routier du col de Tende, de 1873 à 1882 (3,2 km). En 1887, Stéphane Liégeard baptise le littoral des Alpes-Maritimes, qui va devenir le premier espace touristique français, « Côte d'Azur ». Parallèlement, l'arrivée du chemin de fer[23] Paris-Nice ou plutôt Marseille-Nice multiplie les flux touristiques. S'il est vrai que Nice n'a pratiquement pas d'expérience industrielle, il ne faut pas omettre celle de Grasse où prend naissance, fin XVIIe siècle, la ganterie parfumée, mise à la mode par l'Italie. Et, au XIXe siècle, Grasse devient la capitale mondiale de la parfumerie.

---

[23]   A Cannes en 1863, Nice en 1864, Monaco en 1868 et Menton en 1869.

Dès la première moitié du XXe siècle, les mouvements migratoires vont considérablement modifier la place des Alpes-Maritimes, connu sous le nom de Riviera française (*French Riviera*) et d'abord sa physionomie démographique. En 1901, le département compte 297 000 habitants, soit 0,7% de la population de la France et 16,3% de la région. Il se situe au soixante quatorzième rang des 92 départements français par l'effectif de sa population. Au recensement de 1946, les Alpes-Maritimes, avec 452 000 habitants, pèsent désormais 1,1% de la population de la France et 20,4% de sa région. Alors que la population de la France a stagné, du fait des deux guerres mondiales et des comportements malthusiens de sa population, celle des Alpes-Maritimes augmente de 52%, essentiellement en raison de l'important apport migratoire venu notamment de l'Italie voisine et des Russes blancs.

Dans la première phase d'internationalisation, ces populations trouvent des possibilités d'emploi avec le développement d'un tourisme aristocratique symbolisé par les grands hôtels alors construits pour accueillir une clientèle essentiellement anglaise. Puis la crise de 1929 tarit cette clientèle et plusieurs hôtels sont vendus et transformés: ils sont aujourd'hui toujours présents dans le paysage architectural, symbolisant cette première phase de mondialisation de la Côte d'Azur: le Régina, construit spécialement pour la Reine Victoria, ou le Winter Palace à Menton sont vendus par appartements, le Parc impérial est sans doute le plus beau lycée de Nice, comme le Bristol à Cannes…

6 L'après-guerre et l'apport démographique

Après la seconde guerre mondiale, les activités touristiques des Alpes-Maritimes reprennent et s'élargissent, avec deux changements majeurs: d'une part les congés payés et les Trente glorieuses facilitent la diversification sociale des flux touristiques et, par exemple, le développement d'un tourisme de masse. D'autre part, le tourisme d'été remplace le tourisme d'hiver.

En même temps l'ouverture à l'aviation commerciale, en 1946, de l'aéroport de Nice-le-Var, grâce à l'utilisation de la piste en dur construite en 1944 par les troupes alliées, est un événement majeur. Le caractère international de la Côte d'Azur se renforce dès cette ouverture avec la venue, outre Air France, des compagnies étrangères SAS et Sabéna (1946), puis British European Airways et Swissair (1949). Dans sa première année d'exercice, l'aéroport voit défiler 34 230 passagers; puis son développement extrêmement rapide va favoriser toutes les formes de tourisme.

L'expansion démographique de la seconde moitié du XXe siècle amplifie celle de la première. Du recensement de 1946 à celui de 1999, les Alpes-Maritimes[24] passent de 452 000 à 1 007 000 habitants, soit une progression de 123%, tandis que la France

---

[24]   Sur l'évolution de la région par rapport aux autres régions françaises (DUMONT 1996a).

(métropole) passe de 40,686 à 58,426 millions d'habitants (+ 43,6%). Au recensement de 1999, les Alpes-Maritimes deviennent le vingtième département français par leur population.[25]

Figure 3: **L'évolution de la population des Alpes-Maritimes et de la France au XXe siècle (base 100 = 1901)**

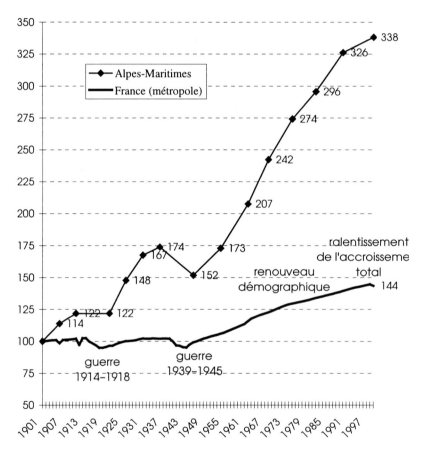

Annotation: Tandis que la population de la France augmente de 45% pendant le siècle, les Alpes-Maritimes multiplient leur population par 3,5 et passent du 64ième au 20ième rang des départements.
Source: Chiffres: Insee résultats & Insee première; dessiné par G.-F. DUMONT.

---

[25]   Sur les 96 départements métropolitains, à la suite de la création de 4 départements supplémentaires en Ile-de-France.

Le dynamisme démographique des Alpes-Maritimes s'explique par deux types de mouvement migratoire, précédant le troisième, lié à l'attraction de personnes actives du fait du développement de Sophia Antipolis: le premier concerne des retraités attirés par son climat et ses conditions de vie, et accentue l'essor d'une économie résidentielle.

Le second résulte de la décolonisation qui fait bénéficier les Alpes-Maritimes du repli nord-africain: des dizaines de milliers de rapatriés, espérant conserver certains avantages climatiques et certaines parentés de paysage, choisissent le rivage méditerranéen. Leur choix installe la prépondérance démographique, désormais incontestable, des zones littorales sur le moyen et le haut pays car ils ne s'intéressent guère aux sommets escarpés qui se dressent derrière eux. Parallèlement, cette population plutôt jeune apporte deux niveaux de compétence; le premier est universitaire: de toutes les jeunes universités françaises, celle de Nice, créée le 20 avril 1965, est sans doute celle dont la renommée scientifique progresse assez vite, car elle hérite de professeurs de très grande qualité, expérimentés, venus des anciennes colonies. La seconde compétence s'inscrit parfaitement dans la logique économique d'alors des Alpes-Maritimes. Les Français d'Afrique du Nord sont, pour beaucoup d'entre eux, des petits et moyens commerçants. Ils vont donc s'insérer dans l'économie touristique et renforcer deux de ses axes traditionnels, ceux du commerce et des services.

Au début des années 1960, l'industrie reste le parent pauvre: la plus grande zone industrielle du département, celle de Carros (230 hectares), n'est occupée qu'à 15% (HERMITTE 1969).[26] Certes, de nombreux bâtiments d'entreprise apparaissent le long de la nationale 7, de Cannes à Nice, mais il s'agit d'entrepôts, puis d'enseignes commerciales, et non d'usines ou de bureaux d'étude.

7 D'IBM à la diversification

Le troisième type d'apport démographique débute dans les années 1960 et va prendre une part croissante dans les flux de population, mais surtout dans un nouveau développement local. Quelques années auparavant, en 1955, les pouvoirs publics parisiens[27] ont instauré un Comité de décentralisation (DUMONT 1994) pour tenter de réagir à l'instauration d'une France hypertrophiée dans sa capitale politique et désertifiée dans sa province (il n'y a alors que deux types de Français, les Parisiens et les provinciaux, et on ne parle pas encore de régions). Dans le même temps, l'entreprise informatique IBM cherche une nouvelle implantation pour son centre de recherches, à l'étroit dans la capitale.

---

[26] Ce taux est le signe d'une réelle lenteur de démarrage de l'occupation de cette zone, qui s'est finalement remplie.

[27] Il s'agit alors de la décentralisation des entreprises, non de la décentralisation politique, dont les premiers pas ne seront décidés qu'à partir de 1982.

Les membres du Comité de décentralisation observant la situation américaine et notamment le développement économique de Los Angelès ou de Miami, favorisé par l'importance du soleil, du climat, de l'environnement (*sun belt*), l'Etat accepte qu'IBM agrandisse son unité de production de Corbeil, au sud de Paris, à condition de décentraliser[28] son centre de recherches. Contacts pris avec plusieurs villes de province, le 17 décembre 1961, les premiers personnels transférés arrivent à La Gaude, commune située sur la rive droite du Var, à 15 km de Nice, grâce à l'Etat, mais tout autant au sénateur Emile Hugues, maire de Vence, qui comprend et plaide, souvent dans l'indifférence, l'intérêt du projet. Le choix du site par IBM est notamment justifié par trois éléments: l'engagement de l'amélioration des installations téléphoniques pour faciliter les télécommunications avec les centres IBM en France, la certitude qu'une faculté des Sciences est effectivement en cours de construction et que les enfants – encore jeunes – des personnels, pourront suivre un cursus universitaire sans devoir aller à Aix-en-Provence, à Lyon ou à Paris. Le troisième élément, peut-être le plus essentiel, est la proximité d'un important aéroport, déjà desservi par neuf des plus grandes compagnies mondiales. Ce dernier vient d'ailleurs de bénéficier, quelques années auparavant, d'une importante rénovation, inaugurée le 2 décembre 1957, et d'être rebaptisé « Nice-Côte d'Azur ».

Pour les Alpes-Maritimes, les années 1960–62 marquent donc une véritable révolution. Outre IBM, une grande société américaine, Texas Instruments s'installe provisoirement à Nice en 1960, grâce à un pont aérien entre Dallas et l'aéroport de Nice Côte d'Azur, et finalement début 1964 à Villeneuve-Loubet où la patente, ancêtre de la taxe professionnelle, est moins chère (FOUICH 1985).

Le 1er octobre 1960, Pierre LAFFITTE, ingénieur en chef des mines et futur sénateur, publie dans « Le Monde », un article intitulé « Le quartier latin aux champs », où s'exprime l'idée qui se concrétisera par la technopole de Sophia-Antipolis. Un nombre croissant de conseillers généraux souhaitent une politique énergique de développement économique, anticipant sur une législation dont la règle est alors l'interdiction de toute intervention des collectivités dans le domaine économique, sauf à titre exceptionnel (DUMONT 1996b).

Après les premières installations d'I.B.M. et de Texas Instruments, le projet de diversifier l'économie des Alpes-Maritimes, en y attirant laboratoires et centres de recherche, continue d'avancer. Il est repris en 1968 par la création d'une organisation d'Etudes et d'Aménagement des Alpes-Maritimes, et le 21 juillet 1969, par la création de l'Association Sophia Antipolis. Trois ans plus tard, le 20 avril 1972, c'est l'approbation du principe de la création, sur le plateau de Valbonne, d'un parc d'activités scientifiques, industrielles et tertiaires de haut niveau et de portée internationale. L'endroit est un vaste terrain de 2300 hectares, à 22 km de Nice, 8 d'Antibes et 15 de Cannes, essentiellement forestier, vierge de tout réseau, quasiment sauvage, seulement

---

[28] C'est le verbe alors employé. Depuis 1991, on utilise plutôt le verbe « délocaliser ».

connu des chasseurs et de quelques familiers. Le 13 mars 1974, le CIAT, Comité International d'Aménagement du Territoire, approuve la réalisation d'un « Parc international d'activités de Valbonne ». Après bien des péripéties, la qualification « international » est reconnue par le gouvernement français à un projet concernant les Alpes-Maritimes.

8 Le développement de l'internationalité

Grâce à l'installation d'IBM, de Texas Instruments et de Thomson C.S.F., puis par la technopole de Sophia-Antipolis, les Alpes-Maritimes, tout en promouvant l'importance de leur économie touristique et résidentielle, vont devenir un pays de hautes technologies.[29] Conçue à l'origine comme centre de recherche che et de développement, la technopole de Sophia-Antipolis se révèle également être, tout particulièrement pour les entreprises américaines, un centre de services pour leurs clients européens.[30]

Ainsi, les Alpes-Maritimes complètent leur renommée touristique avec une notoriété mondiale dans des secteurs d'activité fondamentaux: sciences et technologies de l'information, télécommunications, multimédia, internet, sciences et technologies de la santé, chimie fine, biotechnologies, sciences de la terre et énergie. Dans le même temps, les Alpes-Maritimes multiplient les initiatives transfrontalières[31] et diversifient les types de tourisme, notamment en développant le tourisme d'affaires.

---

[29] Cette caractéristique, dans un système administratif et budgétaire français alors très centralisé – et qui le demeure pour une grande part – provient de décisions exogènes, heureusement favorisées par quatre personnalités dont le rôle fut essentiel: Le sénateur Emile Hugues et le futur sénateur Pierre Laffitte, le Préfet Lambertin (à qui le Conseil des ministres accordera un mandat particulièrement et heureusement long) et Jean-Jacques Robert, alors Président de la Chambre de Commerce et d'Industrie.

[30] Franlab Arlab, filiale de l'Institut français du pétrole, a été la première entreprise à s'installer sur le site de Sophia en 1974. Au 1er janvier 1999, après vingt-cinq ans d'existence, la technopole compte 20 530 emplois et 1164 raisons sociales. Cf. « Sophia Antipolis », supplément à « Nice-Matin », 17 juin 1999.

[31] Dès 1991, la carte Interreg de la Commission des Communautés européennes inclut effectivement les Alpes-Maritimes parmi les régions frontalières concernées par le programme. En revanche, bien que comportant un encart sur « les régions de montagne et de haute altitude », l'existence géographique d'un arc alpin n'est pas soulignée: cf. « Europe 2000, les perspectives de développement du territoire communautaire », Bruxelles, 7 novembre 1991. En revanche, en novembre 1993, la DIRECTION GENERAL DES POLITIQUES REGIONALES DE LA COMMISSION DES COMMUNAUTES EUROPEENES publie un rapport intitulé « Etude prospective des régions de l'arc alpin et péri-alpin ». Cf. également les travaux d'études menés dans le cadre de Europe 2000 (COMMISSION EUROPEENNE, DG XVI, 1995); les orientations du volet 3 des Programmes d'Initiatives Communautaires Interreg III, 1999.

Tableau 2: **Les entreprises à capitaux étrangers sur la technopole de Sophia Antipolis (1er janvier 1999)**

pays	nombre de raisons sociales	proportion du total des raisons sociales étrangères	nombre d'emplois	proportion du nombre total des emplois toutes origines
Allemagne	14	11%	194	4%
Espagne	2	2%	841	17%
Grande-Bretagne	16	13%	171	3%
Italie	4	3%	60	1%
Autres Europe	29	24%	855	17%
TOTAL EUROPE	65	53%	2121	43%
Amérique Nord	48	39%	2284	47%
Asie	2	2%	31	1%
Autres	8	7%	474	10%
TOTAL ETRANGER	123	100%	4910	100%

Source: Chiffres: SAEM Sophia Antipolis; dessiné par G.-F. DUMONT.

La révolution économique des Alpes-Maritimes est stimulée par la création, par le Conseil Général en 1984, d'une agence de promotion économique, Côte d'Azur Développement, dont l'objet est d'attirer des entreprises correspondant au projet économique territorial. Dix ans plus tard, le 20 septembre 1994, l'efficiente de cette agence fait l'objet d'une reconnaissance internationale lorsqu'elle devient lauréate, avec sept autres, du magazine international *Corporate location*. L'internationalité est réussie, ainsi que le précise le rapport annuel de Côte d'Azur Développement C.A.D.: « La Côte d'Azur demeure le seul territoire réellement international en dehors de Paris, et c'est là un atout indispensable dont le C.A.D. ne peut se passer. Notre stratégie marketing, toute entière dédiée au marché des entreprises à capitaux mobiles, exige une capacité forte à proposer un territoire internationalement « neutre », c'est-à-dire un lieu où non seulement l'entreprise nouvellement implantée mais aussi son personnel délocalisé, pourront à la fois évoluer dans un environnement économique et technologique ouverts et conserver une continuité culturelle et linguistique » (MASCARELLI 1994: 18).

9 De l'internationalité à la valorisation du multiculturel

Dans le même temps s'accroît la globalisation du monde, que je définis comme « l'ensemble des processus politiques visant à la mise en place d'une organisation planétaire unique des marchés, ces derniers étant de moins en moins segmentés ou rendus hétérogènes par les frontières existantes entre les espaces nationaux » (DU-

MONT et al. 1999). Même si le département des Alpes-Maritimes reste un « finistère », éloigné des lieux de pouvoir (Paris, Rome, Bruxelles), à l'extrémité d'un arc alpin qui demeure un ensemble géopolitique extrêmement morcelé (DUMONT et al. 1999).

Dans ce contexte, la réussite économique du sud de l'arc alpin n'est pas une certitude pour l'avenir. Certes, elle tient notamment à un point fort, les télécommunications,[32] et à une infrastructure essentielle, l'aéroport Nice Côte d'Azur, cordon ombilical qui relie les Alpes-Maritimes à la quasi-totalité des villes importantes de la planète. Fêtant son cinquantième anniversaire en 1996, il publie des chiffres impressionnants: 6,5 millions de passagers dans l'année, la seconde place française après Paris, 4 305 emplois sur la plate-forme (contre 2 en 1946), 49 compagnies aériennes, 90 destinations dans le monde.[33] Ainsi, chaque phase d'internationalité a été ponctuée par une nouvelle infrastructure exerçant un rôle essentiel pour une étape, également nouvelle, de développement. L'arrivée du train au XIXe siècle a donné une accélération décisive au tourisme international. Puis la réalisation d'une route nationale a démultiplié le tourisme balnéaire. Ensuite, l'aéroport a permis d'attirer des entreprises internationales et exercé un rôle clef pour la réussite du projet Sophia Antipolis.

Mais aujourd'hui, les autres infrastructures des Alpes-Maritimes et de Nice sont plutôt en retard: transports publics, transports ferroviaires, transports en commun, et même équipements universitaires; la ville de Nice en souffre tout particulièrement: attirer des entreprises lui est difficile compte tenu du coût et de la rareté du foncier, de la fiscalité élevée, des problèmes de circulation, de sécurité et de transport. Or Nice et les Alpes-Maritimes doivent, en même temps, aider le tourisme, qui fournit l'essentiel des ressources économiques aujourd'hui, et dégager des moyens pour diversifier leur développement économique à l'avenir.

En particulier manquent deux chaînons pour faciliter les échanges et pour relier les Alpes-Maritimes et Nice à leur histoire: dans le réseau Nord-Sud, la route du sel Nice-Cunéo, en dépit de délicats passages montagneux, était un lien très fort vers les Alpes et, au delà, le Piémont avec Turin;[34] dans le réseau Est-Ouest, le chemin de fer du littoral, en multipliant ces ouvrages d'art que sont les tunnels, avait apporté une richesse considérable. Sans lui le développement d'un minuscule rocher comme Monaco, auquel personne ne s'intéressait, n'aurait pas été possible.[35]

---

[32] « Télécommunications, le premier atout de Sophia », titre un article de l'édition spéciale de « Nice-Matin », « Sophia Antipolis horizon 2030 », juin 1999, p. 30.

[33] Les chiffres 1998 de l'aéroport indiquent 8 millions de passagers et le chiffre de 12 millions est projeté pour 2010.

[34] Les communications avec les autres Alpes françaises restent également à améliorer.

[35] Monaco a inauguré en décembre 1999 sa gare devenue souterraine et la mise en tunnel du chemin de fer, ce qui lui fait gagner trois hectares de terrains.

Au tournant du millénaire, les deux axes Nord-Sud et Ouest-Est existent toujours. Mais, hormis l'autoroute Ouest-Est, relativement saturé et dont le dédoublement est « en projet » depuis les années 1970, les quelques aménagements dont ils ont bénéficié au cours du XXe siècle sont limités, par rapport aux progrès des réseaux ferroviaires (TGV) ou autoroutiers des autres régions de l'Europe. Un grand projet avait été établi dans le cadre de la Commission intergouvernementale pour la liaison Nice-Cunéo qui s'est réunie à Paris pour la première fois le 27 mai 1994. Etait envisagée une liaison par les vallées de la Tinée et de la Stura et la reconstruction du tunnel de Tende, avec son raccordement aux routes existantes. Cette Commission a même publié plusieurs lettres exposant le projet et ses avancées. Il s'agissait de « modifier profondément le positionnement des Alpes-Maritimes dans l'espace régional de l'Europe du Sud » (GINESY 1995). Ce projet semble aujourd'hui aux oubliettes et la question des liaisons intra-alpines du sud, tant entre les régions françaises qu'entre les régions italiennes, reste posée. Cela prouve la difficulté des régions alpines à se faire entendre des responsables nationaux ou européens.

Plus généralement, le caractère économique bipolaire des Alpes-Maritimes, tourisme et hautes technologies, ne crée pas à lui seul un développement endogène, d'autant que la culture du risque et de la création d'entreprises restent peu encouragées en France.[36] Aussi les responsables des Alpes-Maritimes demeurent convaincus que l'apport extérieur est fondamental pour le développement local: « Si la Côte d'Azur n'avait plus cette source de croissance d'origine externe, qui vivifie au surplus son tissu propre, elle entrerait en récession et pourrait être véritablement sinistrée » (MASCARELLI 1994).

Or combattre ces difficultés suppose à la fois une nouvelle mobilisation des acteurs locaux, des décisions et, compte tenu du système politique français, des contributions financières du budget de l'Etat.

Après le vote de la loi d'aménagement et de développement du territoire de février 1995, l'occasion se présente. La Côte d'Azur est retenue, par le conseil des ministres du 21 février 1996, comme l'un des cinq sites français devant élaborer une « Directive territoriale d'aménagement » (D.T.A.).

Une vaste réflexion est alors engagée sous l'égide de la Préfecture, du Conseil Général, de la Chambre de Commerce et d'Industrie et de la Ville de Nice, afin de soutenir le développement économique des Alpes-Maritimes à l'ère de la globalisation et de l'intégration européenne. Elle est lancée par les quatre institutions le 29 mars 1996, sous l'intitulé: « Partenaires pour la relance de l'économie et de l'emploi de la Métropole Azuréenne ».

Six commissions de travail, réunissant tous les secteurs départementaux, élaborent un projet complet de développement dont les étapes de travail sont synthétisées dans

---

[36] Que le lecteur m'autorise un témoignage personnel: les initiatives que j'avais lancées en tant que Recteur de l'Académie de Nice ont été suspendues à la cessation de mes fonctions.

deux numéros d'une nouvelle publication intitulée « La lettre Métropole Côte d' Azur »[37]. Conformément à la loi, cette dynamique est orchestrée en grande partie par l'Etat: la « charte pour la relance du développement économique des Alpes-Maritimes », signée le 24 novembre 1996, présente les intervenants principaux de chaque projet et met d'ailleurs en évidence la place de l'Etat, plus particulièrement dans l'aménagement du territoire.

Le 17 juin 1997, le Préfet présente une synthèse des études préalables du projet de Direction de l'Aménagement du Territoire. Puis les évolutions politiques nationales interfèrent: l'annonce d'un plan ambitieux, prévu en mai 1997, doit être retardée, car la France entre en campagne électorale, à la suite de la dissolution de l'Assemblée nationale par le Président de la République. Il en ressort une nouvelle majorité politique à Paris, une autre conception de l'aménagement du territoire et le projet, intitulé Métropole Côte d'Azur, est ajourné.

Néanmoins, l'élan de réflexion pour s'adapter à la globalisation ne se dément pas. Ainsi le Conseil municipal de la ville de Nice adopte, à l'unanimité, le 19 décembre 1997, un « rapport d'orientation sur une politique pour le développement économique »,[38] et le Conseil général des Alpes-Maritimes poursuit ses efforts de promotion économique. D'un côté, les élus politiques et consulaires poursuivent la réflexion et « un projet de territoire » est voté dans les mêmes termes par le Conseil Général en janvier 1999, par la Chambre de commerce et d'industrie Nice-Côte d'Azur en février 1999, et par le conseil municipal de Nice en mars 1999. De l'autre, l'Etat poursuit la procédure D.T.A. avec la soumission aux élus d'un document de travail le 6 décembre 1999. Si cette procédure ne débouchait pas sur des engagements financiers de l'Etat facilitant le développement local, elle apporterait plus d'inconvénients que d'avantages: d'une part, elle a déjà pour effet de suspendre toute décision structurante pendant son déroulement; d'autre part, elle risquerait d'ajouter seulement un corset réglementaire supplémentaire compliquant le contexte juridique déjà touffu de l'aménagement du territoire du sud de l'arc alpin.

L'inquiétude face à la compétition mondiale entre les territoires renouvelle la réflexion et trouve sa réponse conceptuelle. En dépit de leur caractère périphériques, les Alpes-Maritimes et Nice sont internationales, personne n'en doute, notamment grâce à un aéroport sans lequel rien ne serait possible. Mais il y a de plus en plus, de part le monde, des territoires qui peuvent également se vanter d'être « internationaux ». Un positionnement plus pertinent s'avère donc nécessaire. Une nouvelle analyse conduit à établir que les Alpes-Maritimes, ayant profité très tôt d'une réelle internationalité, ont pour originalité un caractère économique multiculturel. Les personnes de nationalité française qui y vivent ont des racines fort diverses, niçoise, provençale, italienne, arménienne, russe, nord-africaine…, mais aussi lorraine, picarde, bretonne,

---

[37]   Novembre 1996 et février 1997.

[38]   Mairie de Nice, agence municipale économique, 1997.

alsacienne… Quant aux communautés étrangères, elles y sont de plus en plus importantes;[39] certaines ont la chance d'apprécier l'existence d'un établissement scolaire international à Valbonne, qui permet à leurs enfants de connaître la culture française tout en étant éduqués dans la langue de leurs parents.[40]

Figure 4: **L'origine nationale des emplois d'origine externe créés dans les Alpes-Maritimes en 1998**

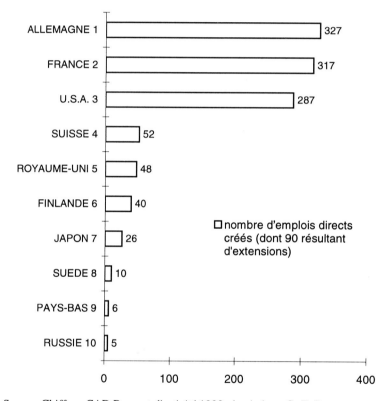

Source: Chiffres: CAD Rapport d'activité 1998; dessiné par G.-F. DUMONT.

Le deuxième constat, la provenance nationale des emplois d'origine externe créés par des entreprises qui s'implantent, souligne la diversité des communautés étrangères.

---

[39] Cet adjectif est à relativiser pour la communauté italienne, largement naturalisée.

[40] Il convient en outre de signaler la diffusion de radios en langue anglaise et allemande, un journal allemand rédigé à Menton intitulé le « Riviera Zeitung ».

Au total, outre son internationalité, les Alpes-Maritimes et Nice offrent, dans un monde de plus en plus globalisé, une spécificité humaine et économique, un caractère multiculturel qui peut être promu et valorisé, et susceptible de les positionner différemment par rapport à d'autres territoires concurrents.

En souhaitant, face à la compétition économique mondiale entre les territoires, promouvoir l'aspect multiculturel de leur réalité territoriale, les Alpes-Maritimes seraient-elles en danger de perdre leur identité historique? La réponse à cette question apparaît négative: dès son origine sous les Romains, les Alpes-Maritimes étaient une terre de brassage de populations; formées comme département en 1860, elles sont initialement multiculturelles, additionnant l'identité niçoise, issue du Comté de Nice, avec l'identité provençale et française. Depuis la seconde guerre mondiale, les efforts conduits pour effacer la frontière franco-italienne (qui était devenue, avec Mussolini, une barrière) n'ont pas cessé,[41] dans le but de faire revivre la réalité multiculturelle de ce sud de l'arc alpin.

Toute identité européenne authentique est plurielle (DUMONT et al. 1999). On peut être fier d'avoir, à la fois, une identité locale, régionale, nationale, européenne et de citoyen du monde. Pourquoi ne pourrait-on promouvoir avec la même intensité les racines de l'identité niçoise et valoriser la dimension multiculturelle de sa région ?[42] Il n'y a pas de dialogue culturel entre des personnes sans identité; le multiculturel suppose que chacun soit porteur de valeurs pour les faire connaître ou pour comprendre la différence de l'autre.

En valorisant les apports de son identité, comme les deux décisions de 1997 citées au début de cette étude l'ont signalé, les Alpes-Maritimes et Nice ont compris que, pour réussir dans un contexte de globalisation, il est plus que jamais nécessaire de savoir d'où l'on vient. S'adapter à la globalisation, c'est donc faire de la « glocalisation », c'est-à-dire à la fois répondre aux nécessités du global et déployer une identité locale.

En définitive, l'argument utilisable par les Alpes-Maritimes et Nice pour peser dans un monde globalisé, leur aspect multiculturel, consiste à rester fidèle à la pensée de celui qui a longtemps dirigé le Centre universitaire méditerranéen, Paul Valéry, écrivant: « enrichissons-nous de nos différences ».

---

[41] Cf. par exemple INSTITUT DU DROIT ET DE LA PAIX ET DU DEVELOPPEMENT (1997); ESTROSI (1996); les publications du L.A.C.E. (Linkage Assistance and Cooperation for European Border Regions), Observatoire pour la coopération transfrontalière, Gronau (Allemagne).

[42] Il conviendrait en particulier de citer les réalisations et les projets des deux villes frontalières, Menton et Vintimille.

Bibliographie

BARELLI, H. et R. ROCCA, 1995. Histoire de l'identité niçoise, Nice: Editions Serre.

BEAUCHAMPS, P. de, 1993. L'art religieux dans les Alpes Maritimes. Aix-en-Provence: Editions Edisud.

COMMISSION EUROPEENNE (ed.), 1991. Europe 2000, les perspectives de développement du territoire communautaire. Bruxelles, 7 novembre 1991.

DIRECTION GENERALE DES POLITIQUES REGIONALES DE LA COMMISSION DES COMMUNAUTES EUROPEENES (ed.), 1993. Etude prospective des régions de l'arc alpin et péri-alpin. Rapport, novembre 1993.

DUMONT, G.-F., 1994. L'aménagement du territoire. Paris: Editions d'organisation.

DUMONT, G.-F., 1996a. Les spécificités démographiques des régions et l'aménagement du territoire. Paris: Editions des Journaux officiels.

DUMONT, G.-F., 1996b. La naissance des politiques économiques locales. Paris: Les cahiers du Crépif., juin: 17–28.

DUMONT, G.-F., 1998. Culture, espace et société: le cas de l'identité niçoise, Dans: Le voyage inachevé. Paris: Editions de l'ORSTOM.

DUMONT, G.-F. (sans ans). La dimension économique de la géopolitique méditerranéenne. Dans: Mare Nostrum (à paraître).

DUMONT, G.-F. (sans ans). Les Français (à paraître).

DUMONT G.-F. et al., 1998. L'arc alpin. Zurich – Paris: Economica et Thésis Verlag.

DUMONT, G.-F. et al., 1999. Les racines de l'identité européenne. Paris: Economica.

ESTROSI, C., 1996. La coopération transfrontalière au service de l'aménagement du territoire. Paris: Editions des journaux officiels.

FOUICH, R., 1985. Sophia Antipolis. Nice: Editions Ciais.

GINESY, C., 1995. La lettre de la liaison Nice-Cunéo 3. octobre 1995, Marseille – Torino.

HERMITTE, J., 1969. Circulation et croissance dans les Alpes-Maritimes. Dans: La Méditerranée de 1919 à 1939. Paris: Sevpen.

INSTITUT DU DROIT ET DE LA PAIX ET DU DEVELOPPEMENT (ed.) 1997. La coopération transfrontalière franco-italienne. Rapport. Nice: Z'Editions.

MASCARELLI, J.-P., 1994. Rapport d'activité 1994, Nice, Côte d'azur développement: 3.

Globalisierung und Identität in den Südalpen: Die Region Alpes-Maritimes und Nizza

Zusammenfassung

Die Städte Südfrankreichs (bzw. des Départements Alpes-Maritimes) positionieren sich am Schnittpunkt zweier großer geographischer Achsen – jener des Alpenbogens und jener des Apennin. Ihre Entwicklung verläuft durchaus divergent. Während Marseille als einer der wichtigsten Häfen Frankreichs sich stets über die wirtschaftliche Bedeutung und seine Lage am Meer definierte, besitzen die Alpen für die Städte der Côte d'Azur aufgrund der langen geographischen Isolation und der Gefahren, die aus der unmittelbaren Lage am Meer resultierten, eine historisch determinierte, zentrale Rolle. Die im Lauf der Geschichte mehrmals wechselnden Herrschaftsstrukturen – die Region befand sich mehrmals in französischem und italienischem Besitz – erzeugten zudem ein starkes regionales Bewußtsein, das sich auch in der Sprache ausdrückt.

Die erste Phase der Internationalisierung erlebte die Côte d'Azur im frühen 19. Jh., als die Briten die Region aufgrund ihres milden Klimas während der Wintermonate und der landschaftlichen Attraktionen entdeckten. Ihnen folgten russische und italienische Reisende, wobei die Eisenbahnverbindung Paris-Nizza zusätzlich Impulse für die Entwicklung des Tourismus auf breiter Basis gab.

Nach dem Ende des Zweiten Weltkrieges begann für die Côte d'Azur die Phase des Massentourismus. Mit dem Ausbau des Flughafens in Nizza setzte die wirtschaftliche Prosperität der Region ein, die auch an der Bevölkerungs- und Beschäftigtenentwicklung ablesbar war. Die Region profitierte nicht nur vom Tourismus und den Zuwanderern aus Nordafrika, die nach der Entkolonialisierung nach Frankreich kamen, sondern auch von der Schaffung des Technopols in Sophia Antipolis, eines Wissenschafts- und Hochtechnologieparks, in dem sich internationale Konzerne wie IBM oder Texas Instruments ansiedelten.

Parallel zum Ausbau dieser multinationalen Konzerne erhöht sich der Anteil der extern angeworbenen Arbeitskräfte. Sie sind mittlerweile zu einem wichtigen Wirtschaftsfaktor der Region geworden und verstärken den traditionell multikulturellen Arbeitsmarkt.

Die Infrastruktur der Region konnte mit der wirtschaftlichen Entwicklung hingegen nicht Schritt halten. Die öffentlichen Verkehrsmittel bedürfen ebenso des Ausbaus wie die universitären Einrichtungen, die für die Ausbildung von qualifiziertem Humankapital verantwortlich sein sollen. Als wichtigster Verkehrsweg gilt die West-Ost-Achse der Autobahn, die die historische Verbindung mit Italien, die von Nizza nach Norden bis ins italienische Cunéo verlief, längst abgelöst hat.

Vor dem Hintergrund der Globalisierung, des europäischen Einigungsprozesses und des verstärkten Wettbewerbes zwischen Regionen stellt sich angesichts des multikulturellen Arbeitsmarktes und der Dominanz internationaler Konzerne die Frage nach

dem möglichen Verlust der regionalen Identität. Der Autor sieht aber gerade in der
Vielfalt und deren historischer Verankerung eine Chance für die Côte d'Azur, sich im
internationalen Kontext zu behaupten. Da Globalisierung in einem engen Zusammenhang mit *Glocalisation* steht, gewinnt das Wissen um die eigenen Wurzeln auch für
Nizza und die Südalpen neue Bedeutung.

DIE INTERNATIONALISIERUNG DES TERTIÄREN SEKTORS: METROPOLEN DES ALPENRAUMES IM EUROPÄISCHEN STÄDTESYSTEM

Michaela Paal

1 Alpenstädte als Forschungsgegenstand

Lange Zeit von der Stadtforschung ausgeklammert, rücken die Städte des Alpenbogens erst seit jüngster Zeit ins Blickfeld der Forschung. Als wesentliche Ursache für diesen Mangel an wissenschaftlicher Aufarbeitung darf gelten, daß es sich bei den urbanen Verdichtungen des Alpenbogens vorwiegend um Klein- und Mittelstädte handelt, während sich die Stadtgeographie vornehmlich mit Großstädten und deren Rolle als exponierten Schauplätzen sich potenzierender sozialräumlicher und ökonomischer Phänomene beschäftigte.

Spricht man im europäischen Kontext von Metropolen oder Großstädten, so sind in der Regel Agglomerationen mit mehr als 200.000 Einwohnern angesprochen. Wesentlich schwieriger ist hingegen die Ausweisung alpiner bzw. in den Alpen gelegener Großstädte. Mit wenigen Ausnahmen wie Grenoble, Innsbruck oder Genève positionieren sich Verdichtungsräume mit entsprechender Bevölkerungskonzentration vor allem an der Peripherie des Alpenbogens (Milano, Torino, Bern, Zürich, München, Salzburg, Wien etc.), womit eine Differenzierung in inneralpine und alpennahe Agglomerationen sinnvoll erscheint.

Die Metropolen im und um den Alpenraum verdienen nicht nur aufgrund ihrer spezifischen physiognomischen Merkmale inmitten des limitierten Dauersiedlungsraumes des Hochgebirges, sondern auch wegen ihrer Funktion besondere Aufmerksamkeit. Ihre funktionelle Bedeutung definiert sich neben ihrer regionalen und nationalen Einbindung in die zentralörtlichen Systeme auch über ihre Position im europäischen Städtesystem.

Im regionalen Kontext besitzen sowohl die inneralpinen als auch die alpennahen Agglomerationen als Versorgungszentren eines inhomogenen Wirtschaftsraumes eine Sonderstellung. Besonders inneralpine Städte weisen aufgrund der linearen Struktur stark verästelter Alpentäler Einzugsbereiche auf, die erheblich von den räumlich gleichmäßig ausgeprägten, hexagonalen Versorgungsgebieten außeralpiner Zentren abweichen. Die Problematik der Entfernung betrifft vor allem jenen Teil der Arbeitsbevölkerung, der nicht vor Ort im Agrarbereich oder in den fremdenverkehrsdominierten Dienstleistungen beschäftigt ist. Gleichzeitig verursacht die Bereitstellung öffentlicher Infrastruktur für einen heterogenen, relativ dünn besiedelten Wirtschaftsraum enorme Kosten, die zur Sicherstellung der Versorgung in Kauf genommen werden müssen.

Die Rolle der Alpenstädte innerhalb nationaler Stadtsysteme ist eng an die politische Organisationsform gebunden. Während in zentralistisch organisierten Staaten wie Frankreich oder Italien die Alpen als periphere Regionen gelten, sind sie in föderalistischen Staaten wie Österreich oder der Schweiz nicht nur aufgrund ihrer Flächenausdehnung integrierter Bestandteil der Staatsfläche und des Siedlungssystems.

Einer neuen Standortbestimmung bedürfen die inneralpinen und alpennahen Agglomerationen vor allem im internationalen Kontext. Mit dem Beitritt Österreichs zur Europäischen Union hat sich die Eingliederung der Ostalpen in einen Wirtschaftsraum vollzogen, dessen Verflechtungen auch nachhaltige Auswirkungen auf die Städte im und um den Alpenbogen haben werden. Güteraustausch, Reisefreiheit und freie Wahl des Wohnsitzes gelten nicht länger als externe Faktoren, sondern werden noch stärker als bisher ihre Spuren im Raum hinterlassen.

2 Die Problematik der vergleichenden europäischen Stadtforschung

Schon bisher wurden die Städte der Alpen (bzw. jene im unmittelbaren Umfeld) als Bestandteil des europäischen Städtesystems betrachtet – allerdings unter Vermeidung konkreter Aussagen über deren Rolle innerhalb der demographischen oder ökonomischen Raummuster. Sowohl im Entwurf eines „Goldenen Dreiecks" von HALL und HAY (1980) als auch in BRUNETs Raumbild der „Blauen Banane" (1989) werden die Alpenstädte den Zonen intensivsten Wachstums zugeordnet.

In diesem Kontext basiert die Dynamik auf einer Umstrukturierung der Stadtökonomien von der Sachgüterproduktion zur Dominanz von Dienstleistungen, die sich nicht nur auf lokale Bedürfnisse, sondern auch auf international handelbare Leistungen im Bereich des Kredit- und Finanzwesens und der unternehmensorientierten Dienste beziehen.

Parallel zum Prozeß der Tertiärisierung zeichnen sich in den Stadtökonomien also Dienstleistungsspezialisierungen ab, die aufgrund von Ballungsvorteilen zumindest kurz- bis mittelfristig Wettbewerbsvorteile generieren. Im Rahmen der Globalisierung und der Verwirklichung eines gemeinsamen Marktes treten die bisher eher auf nationaler Ebene agierenden Großstädte in eine neue Standortkonkurrenz, während gleichzeitig Versorgungsaufgaben innerhalb der zentralörtlichen Systeme an Bedeutung verlieren.

Empirisch überprüfbare – und vor allem vergleichbare – Aussagen zur Entwicklung des Tertiären Sektors in europäischen Großstädten galten bisher als schwierig oder undurchführbar. Der Mangel an harmonisierten und problemlos zugänglichen Daten sowie Diskussionen über geeignete Methoden zur einheitlichen Abgrenzung von Agglomerationsräumen führten dazu, daß wichtige Forschungsfragen unbeantwortet blieben. Aufbauend auf Agglomerationsraumatlanten (N.U.R.E.C. 1994), die das morphologische Kriterium der Verbauungsdichte zur Ausweisung von europäischen Agglomerationsräumen benützen, unternimmt die Autorin in einer Forschungsarbeit zur Tertiärisierung und zu den Spezialisierungstendenzen europäischer Metropolen erstmals den Versuch, durch Zusammenführung nationaler Datenbestände einen ersten Schritt in Richtung einer empirisch gestützten, vergleichenden europäischen Metropolenforschung zu gehen (PAAL 1999b).[43] In diesem Kontext die Position der Metropolen in den (und um die) Alpen zu bestimmen, soll Thema der folgenden Ausführungen sein.

3 Tertiärisierung und Spezialisierung

Im Zuge des Wechsels vom fordistischen Produktionsregime zum Postfordismus stellt der Tertiäre Sektor das bestimmende Element der Stadtökonomien dar. Noch folgt das europäische Städtesystem nicht dem nordamerikanischen Vorbild, wo Dienstleistungsanteile von mehr als 80% an der gesamten Stadtwirtschaft bereits die Regel sind. Die europäischen Agglomerationen präsentieren sich aufgrund ihrer Einbindung in unterschiedliche politische und ökonomische Systeme noch stärker differenziert. Trotzdem zeichnet sich durch die Verwirklichung der Währungsunion ein neuer Wettbewerb von Großstädten als Wirtschaftsstandorte bereits ab.

Das Ausmaß der Tertiärisierung europäischer Agglomerationen kann durch die Anteile der im Dienstleistungsbereich unselbständig Beschäftigten an der Gesamtzahl der unselbständig Beschäftigten einer Agglomeration, also in Form eines Lokationsquotienten[44], ausgedrückt werden (Tab. 3).

In diesem gesamteuropäischen Kontext spielen die in den Alpen oder an ihrer unmittelbaren Peripherie positionierten Großstädte eine eher untergeordnete Rolle.

Während die Schwerpunkte der Tertiärisierung im Raum Luxembourg – Bruxelles – Rotterdam – Amsterdam sowie am nördlichen und südöstlichen Rand des europäischen Städtesystems zu finden sind, positionieren sich die alpinen oder alpennahen

---

[43] Für alle europäischen Großstädte mit mehr als 200.000 Einwohnern wurde eine dem morphologischen Kriterium der Verbauungsdichte folgende Abgrenzung verwendet; als Basis für die Dienstleistungsklassifikation diente die von EUROSTAT entwickelte NACE-Systematik.

[44] Der Lokationsquotient erleichtert den Sektorenvergleich und nimmt bei einer dem Durchschnitt des Städtesamples entsprechenden Beschäftigtenkonzentration den Wert 100 an. Werte darunter weisen auf besonders geringe, Werte darüber auf hohe sektorale Ballungen hin.

Tabelle 3: **Ausgewählte Dienstleistungsmetropolen im Vergleich**

	Unselbständig Beschäftigte nach Wirtschaftssektoren					
Agglomeration	**Primärsektor**		**Sekundärsektor**		**Tertiärsektor**	
	in %[1]	Lqu[2]	in %	Lqu	in %	Lqu
Luxembourg (1995)	0,4	89,9	5,1	20,1	94,5	127,5
Bruxelles (1996)	0,1	12,6	11,8	46,4	88,2	118,9
Rotterdam (1995)	1,5	330,5	10,9	42,9	87,6	118,2
Amsterdam (1995)	0,6	139,8	13,9	54,8	85,5	115,3
Helsinki (1996)	0,1	33,5	14,4	56,8	85,4	115,3
Palermo (1996)	0,2	39,2	16,1	63,7	83,7	112,9
Roma (1996)	0,2	51,8	16,7	65,6	83,1	112,1
Athen (1997)	0,1	25,6	17,4	68,7	82,5	111,2
Genève (1996)	0,2	10,7	20,2	79,8	80,0	107,5
Menton (1990)	0,3	67,6	19,8	77,9	79,9	107,8
Bern (1995)	0,2	41,1	20,5	80,8	79,3	107,0
Verona (1996)	0,2	36,4	20,7	82,3	79,1	106,5
Zürich (1995)	0,2	47,2	22,5	88,7	77,3	104,3
Marseille (1990)	0,5	103,2	22,3	88,5	77,3	104,0
Nice (1990)	0,5	112,5	23,8	93,9	75,7	102,1
Toulon (1990)	1,2	227,3	23,7	93,4	75,1	101,3
München (1997)	0,4	88,6	26,5	104,6	73,1	98,6
Genova (1996)	0,0	9,4	27,0	106,4	73,0	98,5
Wien (1991)	0,3	60,3	27,0	106,6	72,7	98,1
Innsbruck (1991)	1,8	400,4	26,2	103,1	72,1	97,2
Milano (1996)	0,0	6,1	28,1	110,9	71,9	96,9
Cannes (1990)	1,4	305,5	26,9	105,9	71,8	96,8
Salzburg (1991)	0,9	211,6	28,4	111,9	70,7	95,3
Brescia (1996)	0,1	32,6	30,8	121,7	69,1	93,1
Torino (1996)	0,0	10,0	31,1	122,6	68,9	92,9
Grenoble (1990)	0,1	21,3	32,3	127,4	67,6	91,2
Graz (1991)	0,3	74,8	32,4	127,8	67,3	90,7
Lyon (1990)	0,2	39,3	32,5	128,3	67,3	90,8

1) Prozentanteile der im jeweiligen Sektor unselbständig Beschäftigten an der Gesamtzahl der in der Agglomeration unselbständig Beschäftigten.
2) Lokationsquotient.
Quelle: PAAL 1999b.

Untersuchungseinheiten mit Ausnahme von Genève im mittleren oder unteren Drittel der Dienstleistungshierarchie. Definiert man als Dienstleistungsmetropolen Agglomerationen mit einem Lokationsquotienten >100, so sind überhaupt nur Genève, Bern und Zürich sowie Menton-Monaco, Nice, Toulon und Marseille am Saum der Südalpen als Tertiärzentren im europäischen Kontext anzusprechen. Inneralpine Städte wie Grenoble oder Innsbruck scheinen, obwohl sie als wichtige Versorgungszentren eines weit verzweigten Einzugsgebietes gelten, eine im europäischen Vergleich differenzierte Wirtschaftsstruktur zu bewahren (vgl. Karte 6).

Betrachtet man die Entwicklung des Dienstleistungssektors europäischer Agglomerationen seit Mitte der achtziger Jahre, so wird deutlich, daß die Bedeutung des Tertiären Sektors für die Stadtökonomien in den alpinen Großstädten bzw. in den an ihrer Peripherie positionierten Agglomerationen seitens der Verantwortlichen sehr wohl erkannt worden ist. Die meisten alpinen oder alpennahen Agglomerationen positionieren sich hinsichtlich der Zunahme der Dienstleistungsbeschäftigten unmittelbar hinter Brüssel, Frankfurt, dem Ruhrgebiet und den spanischen Großstädten. Vor allem die alpenperipheren Agglomerationen wie Salzburg und Graz, aber auch Wien, München und Bern verzeichnen Zunahmen von mehr als 20%, während Innsbruck, Grenoble oder Genève geringere Dynamik zeigen (vgl. Karte 7).

Mit Ausnahme von Innsbruck, Marseille und Verona, die zwar Gewinne im Dienstleistungsbereich bei gleichzeitiger Abnahme der Gesamtbeschäftigten verzeichnen (sowie Lyon, Brescia und Torino mit einem allgemeinen Beschäftigtenrückgang), bedeutet eine positive Entwicklung der Gesamtbeschäftigtenzahlen einer Agglomeration auch ein gleichzeitiges Wachstum des Tertiären Sektors.

Der Dienstleistungsbereich repräsentiert kein homogenes Segment der Stadtwirtschaft, sondern differenziert sich in zunehmendem Maße in einzelne Spezialisierungen. Erklärungsansätze zur Bedeutung dieser Schwerpunktbildungen beurteilen das Phänomen in unterschiedlicher Weise.

Im Sinne einer produktzyklischen Betrachtungsweise, die Spezialisierung als einseitige Orientierung von Stadtökonomien definiert, die zwangsläufig zu Instabilität und zu Krisenerscheinungen führen muß (CATTAN et al. 1994), ist eine differenziertere Wirtschaftsstruktur positiver (d. h. weniger krisenanfällig) zu bewerten.

Dienstleistungsspezialisierung kann aber auch im Sinne der Erzielung von Wettbewerbsvorteilen durch Faktorkonzentration gedeutet werden (MAYERHOFER und PALME 1996), wobei nicht nur die Ballungsvorteile eine zentrale Rolle spielen, sondern vor allem externe *economies of scale* (qualifiziertes Humankapital und Innovationsfähigkeit) die Konkurrenzfähigkeit sicherstellen.

Eine erste Gliederung des Tertiären Sektors in Bereiche mit starker Abhängigkeit zur lokalen bzw. regionalen Nachfrage (= nicht marktmäßige Dienste, z. B. öffentliche Verwaltung, Bildungs- und Gesundheitswesen) und Dienste, die als international handelbar gelten (= marktmäßige Dienste, z. B. Finanzwesen, Versicherungen, unternehmensorientierte Dienstleistungen, Immobilienwirtschaft), führt unter dem Aspekt einer neoliberalistischen Sichtweise zum Schluß, daß bei fortschreitender Globalisierung der Wirtschaft international handelbare Dienstleistungen einen größeren Beitrag zur Bewertung eines Standortes leisten als nicht marktmäßige Dienste.

Karte 6: **Die europäischen Dienstleistungsmetropolen**

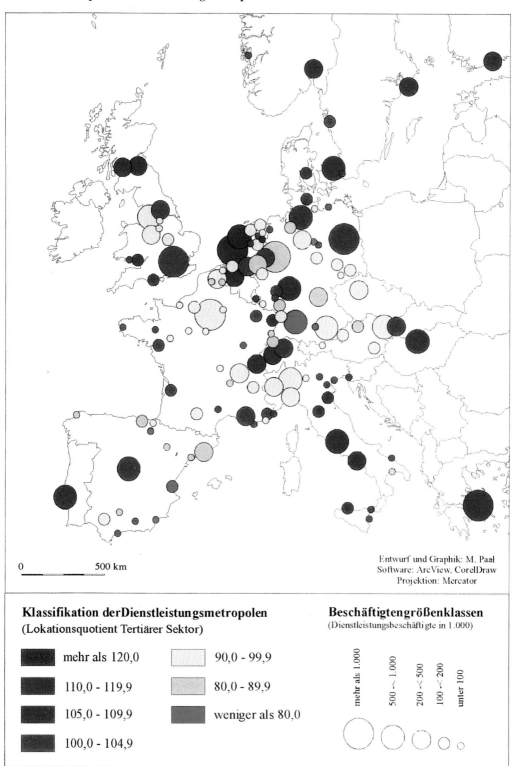

0   500 km

Entwurf und Graphik: M. Paal
Software: ArcView, CorelDraw
Projektion: Mercator

Klassifikation derDienstleistungsmetropolen
(Lokationsquotient Tertiärer Sektor)

■ mehr als 120,0	☐ 90,0 - 99,9
■ 110,0 - 119,9	▨ 80,0 - 89,9
■ 105,0 - 109,9	▨ weniger als 80,0
■ 100,0 - 104,9	

Beschäftigtengrößenklassen
(Dienstleistungsbeschäftigte in 1.000)

mehr als 1.000 500 –< 1.000 200 –< 500 100 –< 200 unter 100

Karte 7: **Die Entwicklung der Zahl der Dienstleistungsbeschäftigten seit den achtziger Jahren**

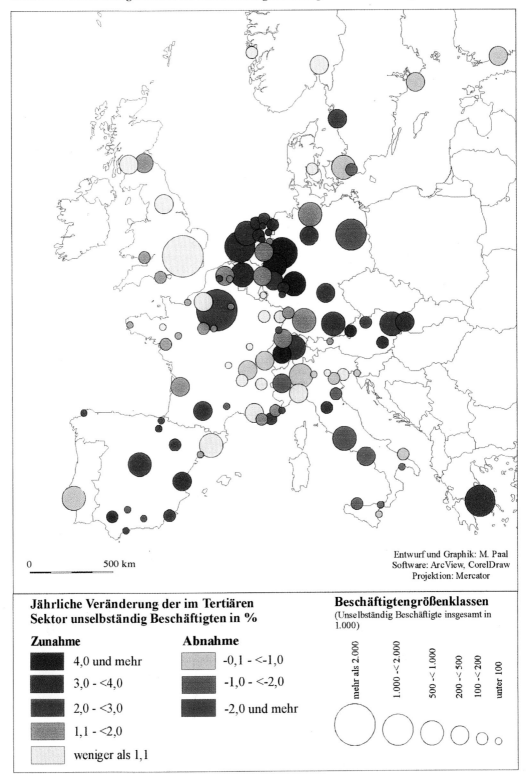

Entwurf und Graphik: M. Paal
Software: ArcView, CorelDraw
Projektion: Mercator

0   500 km

Jährliche Veränderung der im Tertiären Sektor unselbständig Beschäftigten in %

Beschäftigtengrößenklassen
(Unselbständig Beschäftigte insgesamt in 1.000)

Zunahme

	4,0 und mehr
	3,0 - <4,0
	2,0 - <3,0
	1,1 - <2,0
	weniger als 1,1

Abnahme

	-0,1 - <-1,0
	-1,0 - <-2,0
	-2,0 und mehr

mehr als 2.000

1.000 - <2.000

500 - <1.000

200 - <500

100 - <200

unter 100

Vor diesem Hintergrund positionieren sich die Agglomerationen des Alpenbogens in unterschiedlichster Weise. Als international wettbewerbsfähig im Sinne eines deutlichen Überwiegens marktmäßiger Dienste präsentieren sich Menton-Monaco, Milano, Torino und Zürich, wobei eine Relativierung vor allem im Hinblick auf die Segmente des Handels sowie des Hotel- und Gastgewerbes angebracht scheint, die aufgrund der Verknüpfung mit der lokalen Nachfrage eine starke Standortgebundenheit aufweisen. Vor allem Menton-Monaco, Nice oder Cannes definieren ihre – auch im gesamteuropäischen Kontext – hervorragende Stellung im Bereich marktmäßiger Dienste über ihre wirtschaftlichen Schwerpunkte im Fremdenverkehr. Die oberitalienischen Agglomerationen partizipieren besonders an der Auslagerung unternehmensorientierter Dienstleistungen, die nicht mehr in den Industriebetrieben selbst (und somit aus statistischer Sicht als Teil der Sachgüterproduktion) erbracht, sondern externalisiert werden (vgl. Abb. 5).

Umstrukturierungen, d. h. die Reduktion der nicht marktmäßigen Dienste, dürften hingegen in den österreichischen Agglomerationen, aber auch in Bern, Grenoble oder Toulon erforderlich sein. Selbst unter Berücksichtigung der Notwendigkeit öffentlicher Bildungseinrichtungen für die Produktion qualifizierten Humankapitals und der Förderung der Innovationstätigkeit kann die Finanzierung nicht marktmäßiger Dienste letztlich nur durch entsprechendes Steueraufkommen aus marktmäßigen Diensten finanziert werden.

Spezialisierungstendenzen europäischer Agglomerationen sind für einzelne Dienstleistungsabteilungen bereits nachzuvollziehen (vgl. Tab. 4). Noch erlaubt es die Datenlage aufgrund unterschiedlicher Ratifizierungsmodelle der NACE-Nomenklatur nicht, detaillierte Vergleiche der Spezialisierungsschwerpunkte in allen Wirtschaftsabteilungen vorzunehmen, doch lassen sich die unselbständig Beschäftigten im marktmäßigen Dienstleistungssegment europaweit in Handel, Hotel- und Gastgewerbe, Transport, Kredit- und Versicherungswesen sowie unternehmensorientierte Dienstleistungen partialisieren. Dabei differenziert die Bildung ökonomischer Schwerpunkte nicht nur die Agglomerationen auf gesamteuropäischem Niveau, sondern betrifft auch die alpinen und alpennahen Metropolen in unterschiedlicher Weise.

Dem Handel kommt nicht nur die Aufgabe der Versorgung der Wohnbevölkerung zu, vielmehr spielt er besonders in den Alpenstädten eine zentrale Rolle im Tourismusangebot. Im europäischen Durchschnitt aller Agglomerationen mit mehr als 200.000 Einwohnern beträgt der Anteil von im Handel unselbständig Beschäftigten an der Gesamtzahl der Dienstleistungsbeschäftigten 19% (PAAL 1999b).

Hinter den europäischen Zentren der Handelsspezialisierung, dem schwedischen Malmö (Lqu 197) und Nürnberg (Lqu 190), nehmen die meisten Alpenmetropolen Spitzenränge ein. Milano und München besetzen in diesem Zusammenhang sicher Sonderpositionen, denn sie gelten über den nationalen Rahmen hinaus als Modezentren, als Standorte internationaler Designer und Veranstaltungsorte großer Modemessen.

Abbildung 5: **Marktmäßige und nicht marktmäßige Dienste in inneralpinen und alpennahen Agglomerationen**[45]

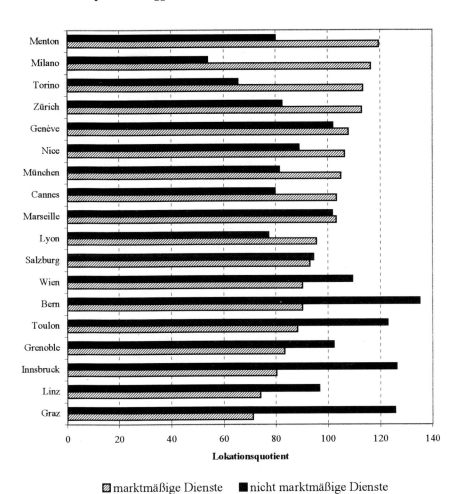

marktmäßige Dienste ■ nicht marktmäßige Dienste

Quelle: PAAL 1999b.

---

[45] Für Brescia, Genova und Verona ist eine Ausweisung nicht marktmäßiger Dienste aufgrund der Datenlage nicht möglich.

Tabelle 4: **Die Dienstleistungsspezialisierungen der Alpenmetropolen im europäischen Kontext**

Agglomeration	Handel		HORECA[3]		Dienstleistungsspezialisierung Transport		Banken/Versich.		Unternehmensor. DL	
	in %[1]	Lqu	in %	Lqu	in %	Lqu	in %	Lqu	in %	Lqu
Bern	19,3	100,2	5,8	130,4	12,6	117,6	6,3	128,0	12,8	89,2
Brescia	25,2	131,0	3,9	86,7	6,5	86,6	6,5	132,4	21,3	149,1
Cannes	20,5	106,7	9,2	206,1	7,5	69,9	3,6	74,3	14,4	100,9
Genève	21,3	111,0	8,0	180,0	9,3	86,9	11,2	228,9	15,2	106,2
Genova	27,6	143,7	6,5	145,8	16,5	153,7	6,2	125,6	15,4	107,5
Graz	24,0	124,9	5,1	114,0	10,7	99,3	5,2	106,3	7,8	54,7
Grenoble	16,1	83,8	4,1	91,6	7,4	68,8	3,9	79,4	13,5	94,1
Innsbruck	21,4	111,3	6,9	154,9	13,4	125,2	5,5	112,6	8,3	57,9
Linz	26,4	137,3	3,4	76,2	12,8	119,3	5,8	118,3	12,0	83,7
Lyon	19,5	101,6	3,8	85,5	11,0	102,7	4,7	96,9	15,7	109,7
Marseille	18,5	96,3	3,0	67,2	13,1	121,7	4,7	96,3	10,5	73,3
Menton-Monaco	16,1	84,0	15,4	346,3	6,0	56,2	6,0	122,8	11,5	80,6
Milano	28,9	150,1	6,2	138,2	12,5	116,8	12,2	248,1	30,2	211,4
München	28,0	145,8	–	–	11,0	102,3	13,3	270,8	–[2]	–
Nice	20,1	104,6	6,9	154,2	9,9	92,1	4,4	88,8	13,0	91,1
Salzburg	24,8	129,1	6,6	149,0	11,1	103,0	4,9	100,0	7,4	51,4
Torino	23,5	122,0	4,2	93,3	10,6	98,7	8,1	165,5	24,6	172,0
Verona	25,9	134,9	4,8	107,3	14,6	136,1	8,0	162,6	18,2	127,3
Wien	25,7	133,5	5,3	119,5	11,3	104,8	7,8	159,6	11,8	82,6
Zürich	24,6	127,8	7,1	160,3	12,2	113,6	12,8	261,5	16,2	113,5

1) In Prozent an der Gesamtzahl der Dienstleistungsbeschäftigten. 2) Werte nicht zu ermitteln. 3) Hotels, Restaurants, Gastgewerbe.
Quelle: PAAL 1999b.

Hohe Beschäftigtenanteile im Handel deuten aber nicht nur auf außergewöhnliche Ballungen hin, sondern können – vor allem in den „kleineren" Agglomerationen – auch als Strukturmerkmal gelten, das Rückschlüsse auf das Ausmaß der Internationalisierung des Einzelhandels erlaubt. Längst sind internationale Einzelhandelsketten sowohl in den Einkaufsstraßen als auch in den suburbanen Shopping-Centers präsent und verändern mit vereinheitlichtem Angebot und dem Bedarf nach großen Verkaufsflächen bei gleichzeitiger Minimierung des Personals die traditionelle Einzelhandelsstruktur nachhaltig.

Im Hotel- und Gastgewerbe zeichnen sich derartige Internationalisierungstendenzen weniger dramatisch ab. Europa besitzt – mit nationalen Differenzierungen – eine kleingewerblich organisierte Gastronomiestruktur, die bis jetzt von nordamerikanischen Fast-food- und Hotelketten im Gegensatz zum Einzelhandel nicht ernsthaft in Frage gestellt werden konnte. In den europäischen Agglomerationen verzahnen sich diese Traditionen mit der Nachfrage aus dem Städte-, Erholungs- und Konferenztourismus, wobei die in landschaftlich attraktiver Lage positionierten alpinen und alpennahen Großstädte im europäischen Gesamtrahmen von Gastgewerbespezialisierungen eine besondere Rolle spielen. Menton-Monaco (mit dem höchsten Lokationsquotienten Europas), Cannes-Antibes oder Genève sind hierfür hervorragende Beispiele.

Auch Transportspezialisierungen werden zum großen Teil von naturräumlichen Gegebenheiten und den Strömen des internationalen Warenaustausches determiniert. Neben den Hafenstädten, die sich im Transportwesen als besonders spezialisiert erweisen, besetzen jene alpinen und alpennahen Städte, die für den Güterumschlag über die Alpen und die Warendistribution verantwortlich sind, in der europäischen Transportspezialisierungshierarchie ebenfalls Spitzenränge. Verona befindet sich hinter Hafenstädten wie Antwerpen, Havre oder Genova bereits an 7. Stelle, Innsbruck besetzt europaweit den 15. Platz.

Die größte Bedeutung im Sinne der Internationalisierung von Dienstleistungen kommt dem Finanzwesen und den unternehmensorientierten Diensten zu. Ihnen wird, spätestens seit der Formulierung der Weltstadthypothese durch FRIEDMANN (1986), eine international wirksame Steuerungsfunktion zugeschrieben, wobei die Standorte dieser Dienste als Steuerungszentralen der Weltwirtschaft gelten.

Kredit- und Versicherungsdienste sowie Unternehmensdienstleistungen weisen nicht nur europaweit die steilsten Spezialisierungskurven auf, sondern diversifizieren auch die Gruppe der Großstädte im und um den Alpenbogen beträchtlich. Milano und Torino zeigen sich sowohl hinsichtlich der Finanz- als auch der Unternehmensdienstleistungsspezialisierung im internationalen Kontext als konkurrenzfähig, gleiches trifft für Genève und München im Bereich des Bankwesens zu. Immerhin ist die bayerische Hauptstadt nicht nur Sitz des größten Rückversicherers der Welt sowie der größten europäischen Versicherungsgruppe (Allianz), sondern auch zentraler Bankenplatz.

Die österreichischen Agglomerationen zeichnen sich – zum Teil bedingt durch eine Strukturschwäche, die auf ein zu dichtes Filialnetz ehemals staatlicher Banken zurückzuführen ist – durch Spezialisierungen im Finanzsektor aus, weisen aber in den unternehmensorientierten Diensten beträchtliche Defizite auf. Dies gilt nicht nur auf internationalem Niveau, sondern auch im Kontext mit den anderen alpinen oder peripheralpinen Großstädten.

Insgesamt scheinen die inneralpinen Großstädte in ihrer Dienstleistungsspezialisierung eher auf traditionelle Bereiche wie Handel oder Transport zu setzen, während die alpennahen Metropolen, vor allem Milano und München, den Schritt zur Internationalisierung ihrer Stadtökonomien bereits vollzogen haben. Wien als eine der ehemals bedeutendsten Metropolen des Kontinents orientiert sich ähnlich wie eine Reihe anderer alpiner Großstädte bislang am nationalen Markt und bleibt auf einen Wirkungskreis beschränkt, der sich vor allem auf die österreichische Ostregion konzentriert.

4 Ausblick

Definiert man Wettbewerbsfähigkeit von Agglomerationen als Fähigkeit, mit Hilfe von qualifiziertem Humankapital und Innvationspotential im Bereich der marktmäßigen Dienstleistungen von Ballungsvorteilen zu profitieren, so nehmen die Großstädte im und um den Alpenbogen in einem dienstleistungsdominierten europäischen Städtesystem nur zum geringen Teil Spitzenpositionen ein. Ihre Stärke liegt in der Partizipation an Faktoren, die sich sowohl an der landschaftlichen Attraktivität orientieren (und fremdenverkehrsdominierte Spezialisierungen begünstigen) als auch mit der Knotenfunktion im internationalen Warenaustausch zusammenhängen. Beide Spezialisierungen sind eng an die lokale Nachfrage gebunden.

Soll das Raumbild von einer wirtschaftlichen und demographischen Wachstumszone, die von London im Westen über die Rheinschiene und die Alpen nach Oberitalien führt, auch für die Dienstleistungsspezialisierungen Gültigkeit erhalten, entsteht für zahlreiche Agglomerationen in und um den Alpenraum die Notwendigkeit, den Dienstleistungssektor ihrer Stadtökonomien partiell umzustrukturieren.

Résumé: La mondialisation des services: les métropoles alpines dans le système urbain européen

Les villes de l'arc alpin furent exclues pendant longtemps de la recherche urbaine dans la mesure où elles appartiennent principalement à la catégorie des villes petites ou moyennes, alors que la géographie urbaine l'est avant tout penchée sur l'étude des phénomènes relatifs au devenir socio-économique des grandes villes.

A présent cette période est révolue. Les métropoles alpines méritent toutefois une attention spécifique en raison de leurs multiples caractéristiques qui se traduisent non seulement à travers leur physionomie, mais aussi leurs fonctions. Le rôle de la ville alpine s'exprime à la fois à petite échelle au niveau régional, à échelle moyenne dans le système des lieux centraux et à grande échelle dans les systèmes urbains européennes. Dans le contexte international le rôle des métropoles alpines doit être redéfini. Avec l'adhésion de l'Autriche à l'Union Européenne, l'intégration des Alpes orientales à l'ensemble de l'Espace économique européen a été réalisée. Les activités de celui-ci auront également des répercussions durables sur les villes de haute montagne. A l'exception de la Suisse, les villes alpines sont en train de quitter leur cadre principalement régional pour un transfert à l'échelle internationale.

Dans l'ensemble les grandes villes intraalpines semblent asseoir leur spécialisation en services, dans la mesure où elle existe plutôt sur des branches traditionnelles telles que le commerce ou le transport, tandis que les métropoles périalpines, surtout Milan et Munich, ont déjà fait le saut vers l'internationalisation des économies. Si l'image spatiale d'une zone de croissance économique et démographique qui conduit de Londres à travers de l'axe rhénan jusqu'aux Alpes et en Italie du Nord, doit également s'appliquer à la spécialisation tertiaire dans notre espace alpin, de nombreuses agglomérations intra- et périalpines sont appelées à entreprendre de vigoureuses restructurations dans le secteur de services de leur économie urbaine.

Literatur

BRUNET, R. et al., 1989. Les villes européennes. RECLUS (Hg.). La Documentation Française. Montpellier: La Maison de la Geographie.

CATTAN, N., PUMAIN, D., ROZENBLAT C. und T. SAINT-JULIEN, 1994. Le système des villes européennes. Paris: Anthropos.

FRIEDMANN, J., 1986. The world city hypothesis. Development and Change 17, 1: 69–83.

HALL, P. und D. HAY, 1980. Growth Centers in the European Urban System. Berkeley: University of California Press.

KRÄTKE, S., 1991. Strukturwandel der Städte. Städtesystem und Grundstücksmarkt in der „postfordistischen" Ära. Frankfurt – New York: Campus Verlag.

MAYERHOFER P. und G. PALME, 1996. Wirtschaftsstandort Wien: Positionierung im europäischen Städtenetz. Wien: Österreichisches Institut für Wirtschaftsforschung.

MORICONI-EBRARD, F., 1993. L'urbanisation du monde. Paris: Anthropos. Coll. Villes.

N.U.R.E.C. (Network on Urban Research in the European Union), 1994. Atlas of Agglomerations in the European Union. Duisburg.

PAAL, M., 1999a. La Ville Alpine dans le Système des Lieux Centraux. Revue de Géographie Alpine 1, 87 (Les enjeux de l'appartienance alpine dans la dynamique des villes): 153–162.

PAAL, M., 1999b. Europa der Metropolen. Tertiärisierung und Spezialisierungstendenzen in europäischen Agglomerationsräumen. Habilitationsschrift zur Erlangung der Venia legendi an der Naturwissenschaftlichen Fakultät der Universität Innsbruck.

PAAL, M., 1999c. La mondialisation des services: les Alpes et leurs métropoles périphériques. Grenoble: CRHIPA.

PAAL, M. und A. BORSDORF, 1999. Urbanität im Alpenraum. Zu Identität und Lebensqualität in alpinen Städten. In: CIPRA (Hg.). Liechtenstein: Jung sein – alt werden im Alpenraum. Zukunftsperspektiven und Generationendialog. Tagungsband zur CIPRA-Jahresfachtagung 1999/17. Schaan:42–45.

Les destinations touristiques ex-claves des villes

Michel Bauer

1 Introduction

Le développement du tourisme de masse depuis les années 60 a provoqué le développement d'ensembles de constructions spécialement conçues pour ce besoin, et dont l'aspect est très urbain. Le tourisme, au sens le plus général, s'inscrit dans un mouvement plus ancien, celui de la villégiature des pélerinages ou des voyages que nous ne décrirons pas ici.

Nous allons concentrer notre étude sur les « stations-villes », celles de montagnes ou celles de bord de mer, conçues précisément pour héberger en masse ces touristes amenés par des transports de masse, charters, trains, autoroutes et leurs voitures.

Les Allemands ont conçus un néologisme très imagé pour désigner les nouvelles stations de la montagne d'hiver, *Retortenskigebiet*: zones skiables sorties d'une cornue (de magicien, de fée ou de sorcière), comparables aux stations-villes de bord de mer, comme Benidorm.

Nous ne prendrons pas partie, comme dans ce mot allemand qui est chargé de valeurs.

Nous essaierons plutôt de comprendre à qui appartiennent ces nouveaux ensembles, stations ou destinations plus vastes, dont la taille et la densité est semblable à celle de nombreuses villes et agglomérations.

Nous ne prendrons pas en considération l'aspect juridique pour savoir de quelles zones administratives et politiques ces stations dépendent, car ces zones sont remises en cause aujourd'hui (PAILLARD 1993).

Notre questionnement porte sur l'autonomie de ces zones réceptives par rapport à celles d'où viennent ces vacanciers, et ce à travers la répartition entre ces deux zones de la plus-value engendrée par ces flux, à travers l'organisation du pouvoir dans ces zones et leurs relations avec des structures de pouvoir liées aux vacanciers et à leur zone d'origine, et enfin à travers les images véhiculées par ces acteurs et consommateurs pour savoir finalement comment ces zones deviennent des territoires avec des identités, et à qui appartiennent mentalement ces territoires.

En bref, il s'agit de déterminer dans les relations entre zones émettrices et destinations-stations, qui est dominant et qui est dominé, et si une organisation commune a réussi à émerger à l'intérieur de ce couple. Les stations ne sont-elles pas devenues ainsi des ex-claves ou des esclaves des villes émettrices?

Fernand BRAUDEL évoquait ainsi « la situation obligatoire (des villes) au sein de réseaux de liaisons; leur articulation par rapport aux faubourgs, aux cités secondes, qui sont souvent leurs serviteurs ou même leurs esclaves » (BRAUDEL 1967).

2 Ville, loisirs et tourisme

2.1 Les territoires urbains. Espace fermé, espace ouvert

Avant de développer cette analyse, il est nécessaire de se demander ce qu'est aujòurd'hui une ville, car la question de leur profonde métamorphose est très largement posée (LESNES 1999).

Pendant longtemps la ville a été caractérisée par sa délimitation précise dans l'espace. BAIROCH (1985) définit ainsi l'apparition des villes par un enfermement dans des fortifications par opposition aux premiers villages qui restaient ouverts, même si d'autres critères ont aussi été décisifs.

BENVENISTE (1969) nous dit que toute civilisation (*civis*, la ville) est marquée par la règle (*regula*) utilisée par le *rex* pour séparer ce qui est droit de ce qui ne l'est pas, ce qui est sacré de ce qui est profane, ce qui est urbain de ce qui ne l'est pas. ZANINI développe ainsi l'exemple de la création de Rome (ZANINI 1997): Romulus trace un sillon pour marquer les limites de la cité qu'il créée, soulevant le soc a la hauteur de chaque future porte. Ce sillon sacré consacre l'espace de la ville. Par dérision son frère Remus saute au dessus de ce sillon et Romulus le tue pour ce sacrilège, baptisant ainsi par la violence la fondation de la ville, lieu de la règle, de la loi, definie par le *rex*. L'ére de l'empire romain est ainsi calculée à partir de cet acte fondateur *ab urbe condita*. La porte de la ville va aussi devenir un lieu essentiel de la rencontre entre des espaces différents, tout comme le pont, essentiellement urbain est lancé par le *Pontifex*, qui réunit deux rives, lieu essentiel de l'échange qui caractèrise les civilisations (SIMMEL 1909).

D'autres exemples font ressortir cette notion de ville limitée dans l'espace:

GUTKIND précise ainsi que dès que la cité grecque, la *polis*, ne pouvait plus être embrassée du regard, elle essaimait une autre ville, proche ou lointaine (GUTKIND 1962).

Plus récemment la ville du moyen âge a souvent été représentée comme enfermée dans ses enceintes et ses portes, totalement closes le soir et qui délimitaient ainsi parfaitement l'intérieur par rapport à l'extérieur (GRUBER 1976).

Peu à peu les Faubourgs comme les *sub-urbs* se sont développés sur le mode de l'infériorité « banlieusarde » (REY 1998)[46] et populaire, avec « l'accent du Faubourg » des malfrats. Dans l'architecture militaire des 17e et 19e siècle cela devint même un *no man's land* inconstructible dans lequel, pendant les période de sécurité, étaient tolérés des cabanes démolissables immédiatement en cas de danger.

La croissance des banlieues avec le dévelopement des tramways, puis des métros commença a créer ces énormes tâche d'huile urbaine.

L'explosion du moteur à explosion entraina l'éclatement de la tâche d'huile en un confettis de lotissement; la zone rurbaine grignotant peu à peu le rural pour ne laisser que le rural profond à l'écart de ces échanges journaliers (BAUER et ROUX 1976).

Le développement actuel des moyens de transport, l'investissement effréné dans les voieries, l'arrivée des communications immatérielles et des réseaux de informatisés ont posé question sur l'avenir des villes et sur leur éclatement possible.

La frontière de la ville, de l'espace urbanisé devient ainsi confuse, épaisse, poreuse; il devient difficile de savoir si l'on se trouve dans une ville, une agglomération, une conurbation, une mégalopole ou encore un archipel (VIARD 1994).

Nous sommes ainsi passé de l'espace fortifié et fermé de la ville ancienne à l'espace ouvert des réseaux d'aujourd'hui. Nous devrons donc voir comment une station s'intègre ou peu à cet espace urbain dilué, poreux et éclaté.

2.2 Les fonctions de la ville

RONCAYOLO (1990) souligne que la ville se définit par une combinaison, un cumul de fonctions diverses « ce qui fait refuser le nom de ville à la cité ouvrière greffée sur un établissement industriel ». Nous pourrions transposer cet exemple vers une station thermale, balnéaire,... monofonctionnelle; mais cela ne peut l'empêcher de devenir un quartier ou un faubourg d'une ville.

La cité méle toujours selon RONCAYOLO des fonctions diverses, religieuses, politiques, culturelles, commerciales, industrielles, touristiques ou résidentielles, tout ceci de façon permanente. Sur ce dernier point la station se montre peu urbaine, se vidant régulièrement de la très grande majorité de ses habitants. En ce sens le même auteur nous dit qu' « en un certain sens, la ville est l'opposé de la foire, s'y substitue ou, du moins la subordonne ». Ce dernier terme pourrait être idoine en montrant l'urbanité du champ de foire, comme de la station, même si ces derniers sont subordonnés à un espace fondamentalement urbain.

Enfin, la station correspond bien à cette nécessité de la densité: la surpopulation des plages, comme celles des domaines skiables en est l'illustration. Le tourisme rural

---

[46] REY évoque ainsi le *falsus burgus* qui s'oppose au „vrai" bourg, et la banlieue qui correspond au territoire de la loi de la cité dans un rayon d'une lieue autour d'elle (en moyen haut allemand *Banmile* = *Bannmeile* en allemand moderne).

comme le tourisme d'aventures, loin de la foule, sont des exceptions. Les vacances sont un lieu fait pour se retrouver, lieu de rencontres loin du quotidien, que ce soit à Courchevel, à Lucerne, à Baden-Baden, à Benidorm ou à Venise (PEARCE 1982).

2.3 Structure de la ville et rythme de vie (travail – repos – loisirs)

La très forte diminution du temps de travail créée un temps libre journalier cause de cette rurbanisation (BAUER et ROUX 1976) mais aussi de week ends et surtout de « grandes vacances ».

La continuité de cette diminution des horaires de travail (les 35 heures dans la France de l'an 2000) peut conduire à un accroissement de ces temps longs de repos qui autorisent les déplacements lointains, donc cause le développement du tourisme.

En outre le développement d'Internet peut faciliter l'éclatement des lieux de travail.

Tous ces phénomènes peuvent conduire à un éclatement des lieux de consommation de loisirs, mais aussi des lieux de production.

Jean VIARD a ainsi insisté sur cette nouvelle répartition dans l'espace qui correspond à une vie dispersée en un archipel (VIARD 1994).

Ce monde éclaté peut être structuré de deux façons différentes correspondant à deux conceptions de la ville, l'une que je qualifierai de traditionnelle, l'autre de moderne.

La première, la traditionnelle ou la latine, est une extension aux quartiers proches du centre, de l'entrelacs des activités urbaines et de la polyvalence du centre ancien. L'autre, la moderne ou la nordique est une séparation entre les zones d'habitat plutôt repoussées à la périphérie et les zones d'activités, plutôt situées dans le centre ancien ou proche de lui.

Ce débat a été développé dès les années 1880/1890 au sujet des déplacements en transport collectif à Paris. Les études préliminaires à l'établissement du métro parisien se sont nourris des expériences londoniennes et new-yorkaises:

Le métro londonien, construit dans les années 1860, a permis de séparer les zones d'habitat de celles d'activités grâce aux trains de banlieue. En opposition le projet parisien, réalisé entre 1900 et 1910, étend aux nouveaux arrondissements les activités et leur imbrication. Nous retrouvons cette opposition entre le métissage des activités dans les districts italiens comme dans le Paris du 19ème siècle et d'autre part les stations de sport d'hiver françaises consacrées aux loisirs et qui ressemblent aux lointaines banlieues résidentielles londoniennes.

L'éclatement de la ville ne se limite plus aux navettes quotidiennes, même si ce sont ces dernières qui ont lancé ce morcellement de la ville.

Aujourd'hui nous sommes dans une époque postmoderne ou du moins post-industrielle (ROJEK 1995) ou émerge une troisième façon de concevoir la ville-archipel: les zones réceptives importantes, destination ou villes-stations, sont fortement métissées et dépendent globalement des grandes métropoles centrales; cependant, plus la destination est de taille et d'activités importantes, mieux elle peut traiter d'égal à égal avec ces métropoles centrales.

2.4 Taille de la ville, agglomération, région, ...

« Grâce au support des moyens de communication, une société réticulée se met en place.... la ville se déporte sur des franges, des marges, des fronts » (BEAUCHARD et al. 1996: 25).

Toute une approche des organisations, que ce soit des entreprises ou que ce soit des villes, met en cause les organisations fermées au profit d'un réseau de plus petites organisations et d'individus. C'est l'approche de COASE (1987) ou de WILLIAMSON (1975) pour les organisations économiques, comme celle des sciences cognitives pour les différents domaines de la connaissance.

C'est aussi l'approche de BEAUCHARD et de son équipe sur la ville et le pays. Il présente ainsi l'exemple de la côte atlantique entre La Rochelle, Rochefort, Royan et Saintes créant ainsi une sorte de ville-région, l'Aunis.

L'exemple des districts italiens a été particulièrement étudié par différents auteurs dont BAGNASCO (1996). Ce dernier développe les nombreux exemples de développement en réseaux de villes et d'entreprise dans le Nord Est et le Centre de l'Italie (Emilie, Vénétie, Frioul, Toscane, Marches et Ombrie), ce qu'il appelle la *Terza Italia* ou encore les districts. Historiquement, dans les années 70, dans les grandes métropoles du Nord de l'Italie, les grandes entreprises industrielles sont en crise. A la même époque de nombreuses petites entreprises se développent en un réseau dense dans plusieurs régions proches les unes des autres. BAGNASCO montre qu'il ne s'agit pas simplement d'un développement de la sous-traitance ou d'une méthode pour échapper à la puissance des syndicats ouvriers, mais d'une nouvelle conception des organisations. Celles-ci fédèrent des entreprises autonomes et interdépendantes dans un secteur économique limité: des joints ou de la robinetterie, du carrelage et de la faience, du textile, de la chaussure ou du meuble ou encore... du tourisme. En contrepartie, les centres urbains se *désurbanisent*, sans doute pour des raisons de concentration excessive, de difficultés de circulation et de pollution.

Les petits patrons des PME[47] ont ainsi constitué un ensemble industriel dans une zone géographique limitée.

Nous pouvons de notre côté développé deux exemples de développement touristique, l'un autour du lac d'Orta l'autre autour du lac des quatre cantons. Ils nous intéressent, car ils représente les caratéristiques de nombreuses régions touristiques où travaillent de très nombreuses PME.

---

[47] PME = petites et moyennes entreprises.

2.5 Lac d'Orta (Cusio) au Piémont italien

Depuis plusieurs années, les organisations territoriales du tourisme en Italie ont dépassé le plus souvent le domaine de la station. Ces dernières s'étaient regroupés en APT (*Assoziazione di Promozione Turistiche*) pour leur promotion et leur commercialisation. Ces organismes restaient très liés au système administratif et politique. Plus récemment les professionnels du tourisme se sont parfois regroupés en *consozio* avec un simple appui financier des collectivités territoriales. C'est ainsi qu'autour du lac d'Orta, à 50 kilomètres de Milan, une cinquantaine d'hôteliers et de restaurateurs ont créé un *consorzio Cusio Turismo* comprenant tout le périmètre du lac.

Ce *consorzio* coordonne des tâches promotionnelles importantes, en liaison avec les autorités traditionnelles: l'administration provinciale, les communes, les Pro Loco (syndicats d'initiatives), la Chambre de Commerce:
   – définition de la politique touristique du lac et gestion d'Office de tourisme;
   – conception des brochures touristiques pour l'ensemble du lac;
   – eductour pour les journalistes;
   – participation aux foires touristiques en Italie et à l'étranger pour le tourisme, mais aussi pour les coopératives vinicoles, les industriels;
   – coordination de l'offre culturel avec l'édition d'un fascicule intégrant 12 musées thématiques liés le plus souvent à des industries locales (instrument à vent, parapluie, robinetterie, bois, arts industriels) ou plus traditionnels (églises et fresques, art moderne,...);
   – tableau électonique d'information sur les lits disponibles;
   – « carte de l'hôte » donnant droit à des réductions et à une assurance;
   – brochure d'offres thématiques commercialisés (prix, durée, adresses des hôtels,..): shopping, VTT, musées, week end, vacances une semaine;
   – implication des industriels locaux (équipement du foyer, textile,...).

Cette action n'est pas sans déclencher des rivalités, mais semble être jusqu'à maintenant efficace. Ce *consorzio* correspond bien au système industriel propre aux districts.

Il structure ici une zone touristique relativement importante, en lui permettant de conserver les niveaux stratégiques de prise de décision et de produciton de la valeur ajoutée. Cette zone n'est pas dominé par les acteurs extérieurs des villes émettrices, que ce soit Milan tout proche ou que ce soit des TO[48] lointains.

---

[48]   TO = *tour operator.*

2.6 Lac des quatre cantons en Suisse

Nous avons ici aussi un réseau d'acteurs professionnels, mais plus réduit qui agit de concert: compagnie de navigation sur le lac, chemins de fers privés et crémaillères vers les sommets (Rigi et Pilatus), musée des transports, palais des congrès, casinos, grands hôtels de luxe et finalement un TO réceptif allant sur les marchés américains et japonais (BAUER 2000).

Ce développement du district correspond à une mise en réseau d'acteurs locaux sur une zone dépassant la ville traditionnelle. C'est une sorte de densification et d'articulation d'un espace qui n'est plus ni urbain, ni rural et mélange toutes sortes d'activités. C'est aussi une manière pour une zone réceptive de conserver du pouvoir vis à vis des zones émettrices, de conserver une identité locale et de ne pas être absorbée par la zone émettrice.

Ces destinations utilisent au mieux la volonté des touristes d'organiser par eux mêmes leurs vacances, sans passer par des intermédiaires de l'industrie touristique basés en zone émettrice. Nous avons ici à faire à des vacances « bricolées » par les touristes eux-mêmes (do it yourself – DIY) avec l'aide des professionnels de la destination, et rarement à des Packages montés et distribués par des TO étangers.

3 L'espace de la station

L'espace de la station peut être considéré de deux points de vue, celui du professionnel qui y mène sa vie active, et celui du touriste qui vient y consommer son rêve par le canal éventuel d'un distributeur, déterminant ainsi des territoires différents qui peuvent se croiser sur les lieux révés et imaginés de leur vacances, cet espace presque virtuel qu'un sociologue baptise « le lieux du crime ».

Les stations de sports d'hiver, comme les stations de bord de mer et de nombreuses autres destinations communiquent d'abord par leur brochure générale qui est de loin le support el plus diffusé et représente une partie importante de leur budget.

Ce document global donne l'impression au touriste que ce territoire a une unité organisationnelle. Plusieurs études ont montré que la station est en fait un système ouvert, une sorte de bateau sans capitaine (BAUER 1996) où les acteurs poursuivent des objectifs différents et parfois opposés.

La station comporte souvent un *directeur de la station* qui le plus fréquemment est aussi le directeur de l'office de tourisme. Son rôle est d'abord d'assurer la communication et la promotion mais aussi d'animer et rarement de vendre des produits touristiques. Il a ainsi deux fonctions sociales importantes: assurer l'image vers l'extérieur mais aussi entrainer l'ensemble de ces acteurs autonomes au sein de la station. Le *maire* de la commune ou le président du syndicat intercommunal peut répartir ces rôles entre deux hommes et s'assurer ainsi de rivalités potentielles. Le rôle du maire est en effet d'essayer de coordonner les acteurs adminstratifs et les acteurs professionnels qui sont des électeurs et souvent des leaders de groupes de pression ou de clans internes à la station. Il joue ainsi un rôle essentiel dans le développement à travers son poids dans les décisions de construction et d'urbanisme. Son rôle est aussi de représenter officiellement à l'extérieur sa commune-village-station.

Les professionnels sont en nombre, d'abord les *commerçants*, propriétaires ou gestionnaires de boutiques de locations, de cafés, de restaurants de petits hôtels, de lieux de distractions sportives ou culturelles. Ils sont très nombreux et souvent de petites tailles. Les contraintes de la gestion quotidienne les empêchent de trop regarder au loin; ils ont le « le nez collé au guidon ». Ils s'enlisent le plus souvent dans des querelles de clocher en se regroupant en clans hostiles ou en s'abstenant de toute action collective.

Au dessus de ces petits commerçants émergent quelques plus *grosses entreprises*, qui sont souvent justement les principaux leaders, grands hôteliers, sociétés de remontées mécaniques, résidences hôtelières appartenant à des chaînes,....

Les grands hôteliers peuvent en effet devenir des « locomotives » de la station. Cependant, nombeux sont ceux qui préfèrent avoir leur propre marketing et peut-être s'llier à un groupement national ou international pour lequel la station n'est qu'accessoire. Dans ce dernier cas, ils s'intègrent de fait aux métropoles extérieures.

Au niveau des *remontées mécaniques*, des régies communales ou des entrepreneurs locaux existent. Mais, de plus en plus nous avons de très grandes sociétés dont les intérêts sont d'abord financiers et nationaux voire internationaux. Ils s'intègrent à des stratégies urbaines décidées dans les métropoles extérieures et pour l'usage des urbains. Ainsi la plus grande société, la Compagnie, des Alpes, s'intéresse à la reprise de parcs à thèmes conçus pour ces urbains (Futuroscope par exemple,...). Par ailleurs, les responsables des remontées mécaniques sont souvent des ingénieurs et techniciens d'abord orienté vers la production et la sécurité des installations.

Les *écoles de skis*, fédérations d'artisans locaux indépendants, sont intimement liés à la vie locale et à la tradition de la montagne. De même la plupart des *agences immobilières* représentent des intérêts locaux et sont un pouvoir de décision local avec de rares liaisons structurées avec des acteurs des grandes métropoles.

A l'opposé des acteurs sont quasiment purement extérieur à la station et évoquent fortement l'idée de l'archipel urbain: les *clubs de vacances*, type Club Med ont en effet leur propre image. Leur personnel est peu lié au lieu et est fréquemment muté d'un bout de la planète à l'autre. Ils représentent les urbains des zones émettrices, dispersés pendant leur temps de vacances, contemplant le paysage du lieu, utilisant les installations des stations et ayant d'abord choisi l'orgnisateur urbain de leurs vacances.

Les *TO* nationaux ou internationaux peuvent travailler en liaison étroite avec des professionnels locaux et vendre une « authenticité » façonnée du lieu. Cependant, les fusions, l'accroissement de leur taille et l'optimisation de leurs coûts les conduisent à contrôler de plus en plus étroitement la qualité régulière et industrielle de leur produit, imposant leur label, leur marque et leurs habitudes aux professionnels du lieu. La station est ainsi progressivement intégrée au réseau des métropoles urbaines.

Ces organisateurs de vacances, les TO, pourraient théoriquement être dans la station. Cependant la réalité montre que jusqu'à maintenant cela a très rarement été le cas. Il semble que les professionnels des stations sachent produire des éléments de vacances, hébergements, alimentation, gastronomie, divertissement, mais ne sachent pas maitriser toute la partie communication et surtout distribution.

Cet état de fait conduit peu à peu les villes émettrices à imposer leurs modèles d'imagination et de production et à rendre dépendant l'espace des stations.

4 La répartition économique de la plus value (dominant/dominé)

DI MEO (1991) constate que « l'espace géographique est avant tout le fruit de rapports sociaux de production confrontés à la nature ». Il cite aussi RAFFESTIN (1980) pour lequel « une géographie de la territorialité doit faire une large place à la notion de pouvoir ».

Nous venons de voir comment la station est vécue par la majorité des acteurs professionnels de cette station comme un espace centré sur lui-même. Nous allons faire maintenant une analyse plus globale de la filière touristique s'étendant de la matière première, c'est à dire le paysage, la neige, les pistes, les routes (ou la mer, la plage,...) jusqu'aux composants et produits finis des TO, des transporteurs aériens ou des agences de voyages. Ceci doit mieux nous aider à comprendre comment la station se situe au niveau de la production d'une plus value économique et des relations de pouvoirs entre territoires, dominants et dominés. Pour le touriste qui passe ses vacances dans la station, loin des préoccupations de sa résidence et de son lieu de travail, nous verrons plus loin (5. l'imaginaire) qu'il y a aussi des relations entre son domicile et le territoire de ses rêves, la station et son environnement.

4.1 Imbrication du tourisme dans d'autres domaines

Le tourisme est caractérisé par son éclatement:

– Croisement avec de nombreux autres secteurs: Bâtiment et Travaux publics, transports, activités sportives et culturelles, commerce et artisanat, hébergement et promotion immobilière,... En France le secrétariat au tourisme s'est trouvé ainsi rattaché à une quinzaine de ministères aussi différents que ces activités pendant les 30 dernières années (Ministères du temps libre, de la culture, de l'artisanat, du commerce extérieur, des transports, de l'équipement,...).

– La création de valeurs est très éclatée localement, régionalement, nationalement et internationalement.

– Les acteurs sont très hétérogènes, beaucoup de PME, mais aussi quelques grands acteurs internationaux ou nationaux.

– Les systèmes de production sont ouverts dans cette station, à la différence des hôtels-*resorts*, des clubs de vacances, des parcs à thèmes,... qui ne sont qu'une partie mineure du tourisme.

4.2 La filière du tourisme

Comme toute activité, la filière touristique se développe de l'amont vers l'aval selon le schéma suivant.

Matière première (paysage, eau, forêt, habitant,...):

1. 1ère transformation (routes, monuments, villages, magasins, hôte hospitalier,...),

2. 2ème transformation (hôtel, différents transports, restauration, animation, personnel,...),

3. assemblage de demi produits (pensions complètes, visites guidées, circuits, itinéraires culturels, Parc Naturel Régional et son réseau d'acteurs ,...),

4. assemblage de composants (TO réceptif, centrale de réservation, réseau d'hébergements, guides touristiques, revues de voyages...),

5. assemblage d'autres composants, etc....,

6. distribution (direct, internet TO/AdV, TO/associations, intégration,...),

7. consommation (tourisme, loisirs, marchande, non marchande,...).

Pour chacun des niveaux de la filière, l'analyse statégique doit porter sur la part de valeur créée localement, régionalement, nationalement et/ou à l'étranger. Elle doit aussi faire ressortir la dépendance économique d'un niveau par rapport à un autre.

Elle est complétée par une analyse stratégique qui détermine les niveaux où le pouvoir est concentré. Dans d'autres domaines cette analyse a été menée, et, par exemple IKEA ou NIKE ont choisi dans la filière les niveaux stratégiques qui leur paraissaient pertinents (conception, distribution, communication,...) déléguant les autres à d'autres entreprises dans d'autres lieux (production, distribution, assemblage, transport,...).

Le tourisme est cependant spécifique, car les lieux de la production-consommation sont intimement liés à une destination et ne peuvent être transportés sur le marché (un séjour à Marrakech ne peut être transporté physiquement sur le marché londonien).

Seuls, quelques produits touristiques, comme la croisière, peuvent être en grande partie transportée vers le marché.

Cette analyse de la valeur repose sur l'étude d'autres filières industrielles (aluminium, chaussures, textile,...), des études sur les destinations touristiques ainsi que sur l'analyse stratégique de l'avantage concurrentiel selon PORTER (1993).

Nous avons étudié la répartition de la valeur ajoutée dans deux cas, un séjour d'une semaine en station de sport d'hiver et un autre séjour de proximité d'un week-end.

4.2.1 Séjour d'une semaine en station de sport d'hiver

Le cas présenté est celui d'un package d'une semaine, en résidence pour 4 personnes, vendu par un tour opérateur britannique à Londres.

Le transport est certainement assuré par une compagnie britannique et le touriste reste dans l'économie britannique jusqu'à son arrivée sur le territoire proche de la station. De même la distribution est très certainement assuré par une agence de voyage et un TO britannique fonctionnant dans l'économie du Royaume Uni. Ces activités réunis représentent 50% du chiffre d'affaires réalisé par ce package.

Les 50 autres % sont répartis de la façon suivante: l'hébergement peut être contrôlé par un hôtelier local, une chaine de résidence nationale, une franchise internationale, les remontées mécaniques sont peut-être contrôlées localement, les différentes animations sportives et culturelles aussi. Mais de plus en plus de chalets sont gérés par le TO, le personnel embauché en Grande Bretagne, les bars ou les systèmes de locations d'équipements contrôlés par le TO. La majeure partie des 50% restants peut ainsi être contrôlée par le TO.

Par ailleurs, les activités sont ici accessoires et non obligatoires: le transport comme le passage par un TO dans le cas d'un package est obligatoire, l'hébergement aussi, mais les activités liés au ski sont en option. L'évolution des comportements montre ainsi que de plus en plus de vacanciers viennent « à la neige » pour contempler un paysage, se détendre, faire un sport plus doux (raquette, piscine,...) sans utiliser les équipement lourds du ski.

Nous voyons dans cette exemple que la plus grande partie de la plus value reste dans le pays émetteur et que les activités stratégiques, conception du produit, choix de la destination, distribution, sont contrôlées par la ville émettrice. La station n'est qu'une dépendance, un sous-traitant de la ville émettrice.

4.2.2 Séjour d'un week end

Il s'agit d'un déplacement de proximité relative (100 à 300 km).

Nous voyons que la dépense engagée est beaucoup plus faible. Le transport est moins lointain et est souvent calculé en coût marginal; l'achat des services se fait en direct, ce qui veut dire que les coûts de distribution sont intégrés par les producteurs locaux de composants de l'offre touristique. La répartition de la valeur ajoutée est totalement différente puisque ces deux chapitres qui resrésentaient 50% dans le cas précédent sont très faibles

Dans le cas que nous présentons la valeur ajoutée est majoritairement locale. Cette valeur locale est même en valeur absolue supérieure à celle créée localement par le package du TO.

Curieusement, le déplacement à grande distance et dans une autre culture implique plus de liaison entre la ville émettrice et la station destinataire que le déplacement à courte distance. En outre dans le cas de ce déplacement avec un package, les niveaux de décisions stratégiques se trouvent dans la ville émettrice. Nous avons un rapport de domination de la part de la ville émettrice sur le territoire de la station.

La station est ainsi plus intégrée à la ville lointaine qu'aux villes de proximité. Nous retrouvons ici le monde en archipel de Jean VIARD.

5 L'imaginaire

L'environnemôt géologique, hydrologique, climatique, humain ou de la faune et de la flore se transforme en paysage à travers la culture et le regard du spectateur.

Ces regards portés par les spectateurs sont différents selon qu'ils habitent en permanence dans une zone touristique, y travaillent ou y viennent en vacances (BAUER 1997).

C'est ainsi que RAFFESTIN (1980) écrit que « Le territoire est le résultat d'une action conduite par un acteur... C'est en s'appropriant concrètement ou abstraitement un espace que l'acteur territorialise l'espace ». D'autres ont souligné la différence entre les regards du touriste et de l'autochtone, du *Reisende* et du *Bereiste*. Nous voyons ainsi que chacun veut s'approprier l'espace qu'il a sous les yeux. Enfin, comme nous l'avons vu dans le premier paragraphe, le territoire lui même est mis en cause au profit de la communauté, des identités tribales, ethniques, etc... (BADIE et SMOUTS 1999).

Une étude de brochures d'Offices de Tourisme d'une part et, d'autre part, de brochures de TO montre la différence de regard et d'appropriation selon l'origine des spectateurs.

5.1 *Images présentées dans les brochures d'acteurs locaux*

En *Haute Savoie* (France) le territoire présenté est celui, étroit, de la commune-station, très rarement celui d'une vallée, d'un grand domaine montagnard,... Les photos sont celles de paysages « romantiques » de grandes montagnes. Les informations fournies sont plutôt orientées vers les besoins des résidents principaux et secondaires et moins vers ceux des touristes hébergés en hôtel ou résidence. La description des hébergements et des équipements est très pauvre et les labels divers.

Nous retrouvons une approche semblable dans les brochures suisses du *Berner Oberland* avec cependant un regroupement plus fréquent des communes dans un territoire plus large. Les offres sont aussi plus commerciales et plus précises pour répondre aux attentes des clients-touristes.

Nous retirons l'impression de brochures autant conçues pour le plaisir du regard des acteurs locaux que pour les besoins du touriste étranger au lieu.

5.2 Images présentées dans les catalogues hiver de différents TO (anglais, suédois, japonais,...) en 1997/1998

Catalogues britanniques

Les représentations des vacances sont souvent hors territoires. Une couverture d'un très gros TO présente une photo avec des skieurs sur fond de ciel bleu, dans un nuage de poudreuse. L'argumentation insiste souvent sur la qualité des relations aériennes avec l'Angleterre. La qualité est garantie par la présence de *reps* britanniques délégués dans les différentes stations pour la contrôler ou encore par des *ski hosts* charger de la mettre en oeuvre. La classification ou labellisation peut être faite par les TO, car les labels dans chaque pays sont trop divers et trop hétérogènes. Toutes les activités sportives sont banalisées quelque soit le pays de la station (Etats Unis, Autriche, Norvège, France,...). Les touristes du TO sont regroupés dans des hébergements divers qui sont bien présentés mais peu reliés au territoire local. Un TO écrit qu'il reconstitue *an ideal home from home*, montrant ainsi qu'il s'agit d'une extension du territoire britannique.

Catalogues allemands

Les TO allemands présentent plus des vacances d'hiver que des vacances de ski ou de neige. Ils insistent sur la nature (*Natur, Natürlich*) avec des contre sens amusant, puisqu'un très gros TO présente une prairie printanière parsemée de fleurs pour symboliser les vacances d'hiver à la neige. L'hôtel est un élément essentiel du paysage et est présenté avec des photos détaillés et commentés: bâtiment, chambre, accueil, centre aquatique (*Wasserparadies*). Il semble donc que les Allemands concentrent leur intérêt sur l'hébergement, sa qualité et son ambiance. Les paysages généraux ne sont présentés que de façon annexe.

Catalogues japonais

Les paysages sont très peu mis en avant. Ils peuvent être dans le style de bandes dessinées (mangas). Les TO n'hésitent pas à traiter avec humour leurs offres de services, par exemple en présentant les skieurs sous forme de pingouins glissant sur des bananes. L'animation est essentielles: coin du feu, grands buffet, centre aquatique; la présence de skieur et de neige est rare, présentant ainsi une énorme différence avec la perception de la montagne par les TO britanniques ou suédois.

Catalogues suédois

L'accent est mis sur les vacanciers représentés souvent en gros plan: tête brulée de soleil en plan très rapproché, buveur de bière en plan américain sur fond de chalet,... Les animations sont aussi très importantes, diner aux chandelles, boite discos, jacuzzis,... La neige, ici aussi est accessoire. Il semble que les suédois connaissent bien la neige et n'ont pas envie qu'on leur présente.

Catalogues français

Nous trouvons assez souvent des photos grandioses de grands paysages. Cependant, l'animation reste aussi un point important dans les catalogues des rares TO français.

A travers ces analyses, nous voyons que la perception de la montagne peut être très différente. Nous voyons ainsi que les TO et donc leurs clients interprètent différemment l'espace des stations et *l'annexent à leur imaginaire* qui est très différent de celui des « montagnards ».

6 Reflexions conclusives et questionnement

La destination sous une forme très urbanisée, la station, appartient à plusieurs territoires. Elle fait bien partie de cet espace complexe dans lequel nous sommes condamner à vivre.

La station ne peut en effet se structurer d'une façon isolée, elle appartient à un territoire plus importante, que ce soit la vallée, le domaine skiable, un district ou un autre domaine plus vaste.

D'un autre côté elle fait partie de l'imaginaire du vacancier qu'il soit en touriste ou en villégiature.

Par ailleurs la station fait partie d'une filière économique majeure, celle du tourisme. Cette filière comprend des éléments, comme le paysage ou le patrimoine historique et culturel, des équipements comme les routes, les hébergements, les restaurants,... mais aussi des services de transports, de distribution ou d'assemblage. Tous ces éléments sont liés au sein de la filière.

En ce qui concerne la plus-value économique, nous avons constaté qu'environ la moitié se trouvait dans les transports et la commercialisation, le plus souvent dans les grandes zones urbaines émettrices, et, que, l'autre moitié se trouvaient dans les zones réceptives.

En outre, les activités situées dans ces destinations peuvent très bien être contrôlées économiquement par des investisseurs urbains ou dépendre du marché qui est urbain.

Cette répartition du pouvoir semble mener à une domination des grandes villes sur les stations, ne faisant de celles-ci que des ex-claves, des banlieues un peu lointaines. Les styles de vie en montagne sont là pour montrer un mode de vie extrêmement urbain, même dans une nature qui extérieurement semble encore sauvage.

La forte structuration d'un réseau de PME en station, comme c'est le cas dans les *consorzio* italiens, conforte le pouvoir de son territoire dans la filière touristique. Ceci conduit à une autre structuration de la filière. Les urbains prennent contact individuellement et directement avec ces réseaux et se façonnent directement leurs vacances (sans doute, dans le futur, à travers Internet, le réseau des réseaux).

Ceci est jusqu'à maintenant l'approche traditionelle dans les pays du sud et du sud est de l'Europe (Italie, Espagne, Autriche, France) où les urbains ne sentent pas la nécessité de faire intervenir des intermédiaires entre eux et les acteurs locaux des destinations. La richesse et la diversité de l'offre touristique dans ces pays, l'usage de la même langue, l'importance des résidences secondaires ou la proximité avec la paysannerie ont conduit à ces contacts directs qui donnent la prééminence aux territoires des stations et des destinations.

A l'opposé le Nord de l'Europe ou les USA ont développé des TO et des réseaux d'agences de voyages pour des touristes étonnés par les divergences de cultures avec des pays différents ou par les difficultés du parcours (*channel* à traverser ou grande distance pour les scandinaves). Ceci a donc conduit peu à peu à faire des stations, des lieux dominés par les TO et l'imaginaire des touristes, des ex-claves. Cependant, cette tendance n'est sans doute pas définitive. Les touristes, plus habitués aux voyages peuvent s'aventurer seuls vers des destinations qu'ils connaissent maintenant. Les développement d'Internet peuvent aussi donner aux stations la possibilité de toucher directement leurs clients en zone urbaine.

Quoiqu'il en soit, il est certain que le mode de consommation des vacances en station, ici en montagne, ailleurs en bord de mer, est de plus en plus urbain. Cependant, nous ne pouvons dire si, dans toutes les dimensions économiques et politiques, les destinations deviendront des quartiers éloignés des grandes métropoles, Courchevel et Tignes, deux quartier de banlieue de Paris, comme Majorque ou Ténériffe banlieues de Düsseldorf, que ce soit pour des retraités, des jeunes universitaires, des sportifs ou des familles,...

Verrons nous au contraire des destinations se structurer assez fortement pour devenir des villes fortes du tourisme, comme des districts italiens ont pu devenir, en d'autres domaines par exemple, des centres mondiaux de la céramique, du meuble ou de l'habillement?

On pourrait dire que, dans toute filière, nous avons ces imbrications, que ce soit dans la filière bois, celle de l'aluminium ou celle du textile. Pour ces dernières filières on peut parler de domination d'un niveau (distribution, assemblage ou fabrication de composants stratégiques,...) sans pouvoir affirmer que le territoire du dominé est intégré dans le territoire du dominant. La différence dans la filière du tourisme est que le territoire réceptif avec tous ses équipements et ses acteurs est un ensemble de composants essentiels à la fabrication du produit et donc que le territoire en lui même est un produit touristique consommable par le touriste venant ou plutôt *dans* son territoire émetteur.

C'est dans ce dernier sens que le territoire réceptif de la station devient une *ex-clave* des villes émettrices.

Bibliographie

BADIE, B. et M. C. SMOUTS, 1999. Le retournement du monde. Paris: Dalloz.

BAGNASCO, A., 1996. Le développement diffus: le modèle italien. Dans: SACHS, I. (ed.). Quelles villes pour quel développement? Paris: PUF: 191–213.

BAIROCH, P., 1985. De Jéricho à Mexico. Villes et économie dans l'histoire. Paris: Gallimard.

BAUER, M., 1996. Les détenteurs du pouvoir dans les stations de montagne. Cahiers espaces 47.

BAUER, M., 1997. Les enjeux culturels et économiques da la gestion d'un territoire. Lyon: Colloque Jacques Cartier.

BAUER, M., 2000. La communication d'une destination lacustre (à paraitre).

BAUER, G. et J. M. ROUX, 1976. La rurbanisation ou la ville éparpillée. Paris: Le Seuil.

BEAUCHARD, J. et al., 1996. La ville pays – vers une alternative à la métropolisation. Paris: Edition de l'Aube.

BENVENISTE, E., 1969. Le vocabulaire des institutions indo-européennes. 2 vol. Paris: Editions de minuit.

BRAUDEL, F., 1967. Civilisation matérielle et capitalisme (15e-18e siècle). Paris: Armand Colin.

COASE, R. H., 1987. The Theory of the Firm. Economica N.S.G.

DI MEO, G., 1991. L'homme, la société, l'espace. Paris: Economjica-Anthropos.

GRUBER, K., 1914 (edition française 1976). Die Gestalt der deutschen Stadt. Callwey.

GUTKIND, E. A., 1962. The Twylight of Cities. Stock.

LESNES, C., 1999. Des villes libres? Vers un monde urbain en expansion. Journal Le Monde (décembre 1999): 21 Questions au XXIe siècle. Paris.

PAILLARD, I., 1993. Les territoires de la communication. Grenoble: PUG.

PEARCE, P., 1982. The Social Psychology of Tourist Behaviour. Oxford: Pergamon.

PORTER, M., 1993. L'avantage concurrentiel des nations. Interéditions.

RAFFESTIN, C., 1980. Pour une géographie du pouvoir. Paris: Litec.

REY, A., 1998. Dictionnaire historique de la langue française.

ROJEK, C., 1995. Decentrising Leisure – Rethinking Leisure Theory. London: Sage Publ.

RONCAYOLO, M., 1990. La ville et ses territoires. Paris: Gallimard.

SIMMEL, G., 1909. La tragédie de la culture. Paris: Rivages (Titel der deutschen Ausgabe: Das Individuum und die Freiheit – Brücke und Tür. Berlin: Wagenbach).

VIARD, J., 1994. La société d'archipel et les territoires du village global. Paris: Edition de l'Aube.

WILLIAMSON, O. E., 1975. Markets and Hierarchies. New York: Free Press.

ZANINI, P., 1997. Significati del confine – i limiti naturali storici, mentali. Mondadori.

Tourismusdestinationen als städtische Exklaven – Zusammenfassung

Die Entwicklung des Massentourismus seit den sechziger Jahren hat zur Errichtung von Siedlungseinheiten geführt, die die wachsende Zahl von Flug-, Bus- und Autoreisenden aufnehmen und auf die spezifischen Bedürfnisse des Fremdenverkehrs ausgerichtet sind. Es stellt sich die Frage, welchen Raumeinheiten diese touristischen Verdichtungen, deren Größe oft mit Städten und Agglomerationen vergleichbar ist, funktionell und ökonomisch zugerechnet werden können. Sind sie als eigenständige Gebilde oder bloß als Exklaven der Städte anzusprechen?

Die in der Vergangenheit deutlich sichtbaren Grenzen zwischen Stadt und Land lassen sich immer schwerer erkennen. Neue Verkehrs- und Kommunikationstechnologien beschleunigen den Prozeß der Suburbanisierung des Wohnens und der Wirtschaft zusätzlich. Die ökonomische Umstrukturierung läßt sich am Beispiel oberitalienischer Unternehmen exemplarisch darstellen. Im Zuge der Krise der großen Industriebetriebe entwickelt sich eine Reihe von Klein- und Mittelbetrieben, die nicht nur dem Sekundären Sektor zurechenbar sind, sondern sich auch verstärkt Tätigkeiten im Dienstleistungssektor (und damit auch im Tourismus) zuwenden. Als Beispiele für Regionen, deren Fremdenverkehreinrichtungen von Klein- und Mittelbetrieben dominiert sind, können Lac d'Orta im Piemont und der Vierwaldstätter See in der Schweiz genannt werden. Die Fremdenverkehrsbetriebe organisieren sich dort in Verbänden mit engen Verbindungen zur Verwaltung und Administration und übernehmen selbständig Werbung und Vermarktung. Dabei agieren diese Fremdenverkehrsdestinationen, die in ihrer Struktur weder als ländlich noch als städtisch anzusprechen sind, weitgehend autonom und ohne Vermittler aus urbanen Räumen.

Unabhängig von ihrem Tourismusschwerpunkt (Wintersport, Badeurlaub etc.) treten die Destinationen mit Hilfe von Broschüren, für die häufig ein Großteil des gemeinsamen Budgets aufgewendet wird, an die Öffentlichkeit. Dem Verantwortlichen für Kommunikation und Promotion – in der Regel der Direktor der Destination – obliegt die Präsentation nach außen und er kooperiert eng mit dem Bürgermeister, der zudem im Zusammenhang mit der Erteilung von Baubewilligungen eine zentrale Rolle bei der Entwicklung des Ortes spielt. Der großen Zahl von Kleinbetrieben des Handels sowie des Hotel- und Gastgewerbes stehen wenige große Unternehmen (internationale Hotelketten) gegenüber, die zu „Lokomotiven" der Entwicklung werden können.

Die tatsächliche Zuordnung des Mehrwertes, den Tourismusdestinationen generieren, demonstriert der Autor anhand eines Beispiels für einen einwöchigen Winterurlaub in einem Skigebiet und eines Wochenendaufenthaltes in einer Maximaldistanz zum Wohnort von 300 km. Dabei zeigt die Analyse der Partizipanten an der Reiseorganisation und Durchführung, daß im Fall des einwöchigen Skiurlaubes der Mehrwert fast ausschließlich dem Veranstalter, den Transportunternehmen im Herkunftsland oder auch einer internationalen Hotelkette zugute kommt. Kurzaufenthalte mit geringerer Entfernung zum Wohnort der Urlauber erzeugen hingegen vor allem lokalen Mehrwert, da der Erwerb des „Tourismusproduktes" direkt vor Ort erfolgt und Dienstleistungen von Reiseveranstaltern selten in Anspruch genommen werden.

Im Kontext der Internationalität der touristischen Nachfrage nach Skidestinationen in den Alpen bezeichnet der Autor diese Fremdenverkehrsdestinationen als räumliche Manifestationen touristischer Nachfrage, die aufgrund der Reiseorganisation als Exklaven der Herkunftsorte der Nachfrager zu betrachten seien.

Alpenstadt 2000+: Regionale Transformationsprozesse im Spannungsfeld von Wettbewerbsfähigkeit und Kohäsion

Martin Boesch

1 Veränderte Rahmenbedingungen

Die Diskussion um die Zukunft der Alpen im allgemeinen und des Standortes *Alpenstadt* im besonderen stand in den letzten 20 Jahren im Zeichen des Spannungsfeldes „Ökonomie-Ökologie".[49] Dieses Spannungsfeld ist keineswegs verschwunden,[50] aber es wird seit kurzem überdeckt durch eine neue Argumentationsfront: Gemeint ist der zunehmende Widerstand der Zentren gegen die bisher flächendeckende Solidaritätspolitik (ESTERMANN 1999), gegen den systemimmanenten, gleichsam verfassungsmäßigen Anspruch auf Ausgleich (BOESCH 1996). Die Konsequenzen einer solchen Neuorientierung sind andiskutiert (vgl. dazu u. a. BOESCH 1993 und 1998a), müssen aber zweifellos weiter ausgeleuchtet werden. Dabei gilt es besonders zu beachten, daß der Spielraum der nationalen Regionalpolitik durch die globale Dimension der „Neuen Ökonomie" bedeutend kleiner geworden ist (BOESCH 1999; BÄTZING 1999): Die nationalen Metropolregionen *können* gar nicht anders argumentieren, wenn sie sich im globalen Standortwettbewerb behaupten wollen – und dies wiederum ist Voraussetzung für die neue, selektive Kohäsionspolitik (KLEINEWEFERS 1997).

Aufbauend auf dem Grundmodell der Regulationstheorie, dem Verbund von Marktprozessen (im Bereich Produktion/Konsum/Akkumulation) und gesellschaftlich-politischen Koordinations- und Ausgleichsmechanismen, erkennen wir in den Investitionsentscheiden und Produktionsprozessen die eigentlichen Motoren der (räumlichen) Entwicklung. Diese Prozesse sind eingebettet in die bereits angesprochene gesellschaftlich-kulturelle Evolution, insbesondere in bezug auf vorherrschende Werthaltungen und Zielsysteme (also die Sinngehalte einer bestimmten Phase) und die dazu bereitgestellten Instrumente (vor allem Rechtsordnung und Technologie). Die regionale Dynamik ist damit das Resultat der jeweiligen Inwertsetzung von Standorten wie

---

[49] Vgl. dazu v. a. BÄTZING (1998b) mit weiteren Verweisen, ferner z. B. BOESCH (1987).

[50] Vermutlich hat es sich eher verstärkt.

auch der regionalpolitischen Impulse. Sowohl verstehende Interpretationen von Geschehenem (die Ex-post-Sicht) wie auch Gestaltungsvorschläge (die Ex-ante-Sicht) müssen auf dieser Plattform aufbauen, damit sie plausibel und realisierbar sind.

Diese sich stetig verändernde Diskussionslage muß *heute* in einem gesellschaftspolitischen Umfeld gesehen werden, welches zentrale Bezugspunkte und Begriffe wie *Staat, Gesellschaft, Verantwortung* grundsätzlich neu interpretiert (FIRLEI 1999), und dies vor dem Hintergrund der Eigendynamik der *Neuen Ökonomie,* unterstützt durch technologische Quantensprünge. Rangordnung und Stellenwert der Systemteile *Markt – Politik – Kultur* werden in Frage gestellt und zweifellos verändert, ja sogar auf den Kopf gestellt. Damit müssen dann auch die Steuerungssysteme[51] revidiert werden – insbesondere wenn wir weiterhin am Ziel der „Nachhaltigen Entwicklung"[52] festhalten wollen.

2 Les Alpes n'existent plus [53]

Es besteht kein Zweifel: Die andauernde Thematisierung der Alpen als Problemraum (CIPRA 1998) und die Anmahnung einer gemeinsamen, auf Nachhaltigkeit ausgerichteten Alpenpolitik (insbesondere im Gefäß der Alpenkonvention) haben einiges von dem angestrebten Erfolg gebracht. Insbesondere ist es sehr bemerkenswert, daß die EU nun die Erfordernisse einer regional differenzierten Politik zumindest im Ansatz anerkennt (EU 1998; BÄTZING 1999). Das bedeutet aus der Sicht der EU, daß die Alpen (als Ganzes) anders zu behandeln wären als andere europäische Großregionen.

Ob dieses bemerkenswerten Bewußtseinswandels sollte nicht vergessen werden, daß es nun dringend geworden ist, sich (wieder) vermehrt der inneren Differenzierung des Alpenraumes zuzuwenden. Das bezieht sich zunächst auf die analytische Ebene, von der demographischen und soziokulturellen Entwicklung über die Wirtschaftsstruktur und Landnutzung bis hin zu Verkehrsproblemen. Varianzanalytische Ansätze zeigen, daß die inneralpinen Differenzen bei manchen Schlüsselfaktoren annähernd gleich groß sind wie die Unterschiede zwischen Alpen und Vorland. So gilt zum Beispiel Davos aufgrund eines Rating-Verfahrens derzeit als die dynamischste Stadt der Schweiz. Oder mit anderen Worten: Die Alpen als einheitlicher (Lebens-) Raum existieren nicht (mehr).

---

[51]   Vgl. hierzu die fundamentale Unterscheidung von Grobsteuerung und Feinsteuerung (MINSCH et al. 1996: 120ff.).

[52]   In der Schweiz seit dem 1. 1. 2000 immerhin ein Ziel mit Verfassungsrang (vgl. BV Art. 2 Abs. 2).

[53]   Das Motto des Schweizer Beitrages zur EXPO in Sevilla „La Suisse n'existe pas" führte in traditionellen Kreisen zu erheblicher Irritation.

Traditionellerweise steht die Betrachtung der demographischen Entwicklung im Rampenlicht des Interesses. Sie ist sowohl Abbildung wie auch Basis der regionalen Dynamik, sie ist also Teil eines rekursiven Strukturationsprozesses (im Sinne von GIDDENS 1984). Durch die aktuelle Ökonomisierung unseres Wertesystems (VONTOBEL 1998) im Verbund mit der progressiven Globalisierung der Arbeitsteilung schwindet zwar die Bedeutung von Migrationsentscheidungen als Primärimpuls (der Wohnort folgt dem Arbeitsplatz und nicht umgekehrt), gleichzeitig steigt aber die Reichweite von Arbeitsplatz-Wohnort-Relationen wie auch von Produktions-Absatzmarkt-Relationen. Damit wird die schlichte Gleichsetzung von Bevölkerungsentwicklung und wirtschaftlicher Standortgunst problematisch; das Modell muß vielmehr um den Faktor „Pendlerdistanz" erweitert (gleichsam gelockert) werden.

Abbildung 6: **Bevölkerungswachstum 1990–1996 in % p. a. im Alpenraum der Alpenkonventions-Staaten**

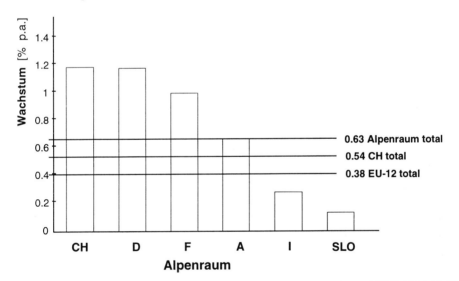

Quelle: BÄTZING 1999, eigener Entwurf.   © MB / FWR-HSG 12-99

Diese standorttheoretischen Differenzierungen ändern allerdings nichts an der grundsätzlichen Richtigkeit der wohlbekannten zentralen Aussagen, welche uns demographische Analysen liefern:

– Die Bevölkerungszahl im Alpenraum (als Ganzes betrachtet) hat seit 1870 kontinuierlich zugenommen, seit 1980 sogar überdurchschnittlich stark. Von einer generellen Entvölkerung kann also keine Rede sein (vgl. Abb. 6).

– Bei einer inneren (regionalen) Differenzierung zeigt sich auf allen MaßstabsEbenen (sozusagen in fraktaler Geometrie), daß neben Bevölkerungszunahme auch Bevölkerungsrückgang zu verzeichnen ist.

3 Separations- und Transformationsprozesse

Die Bevölkerungsdynamik hat neben der quantitativen (formalen) Dimension allerdings auch vielfältige qualitative Aspekte, die bedeutend weniger gut untersucht und dokumentiert sind. Dies ist erstaunlich, sind doch diese Veränderungen (zum Beispiel bezüglich Altersstruktur, Ausbildungsniveau oder Erwerbsstruktur) mindestens so bedeutsam (vgl. Abb. 7). Sie können generell als Entmischung, d. h. als vielschichtiger Separationsprozeß, umschrieben werden, der auch außeralpine Austauschregionen umfaßt und das demographische Potential (im Hinblick auf Modernisierungsprozesse) maßgeblich beeinflußt.

Die demographische Entmischung geht mit einer markanten Veränderung der Siedlungsstruktur einher: Auch der Alpenraum wird von Urbanisationsprozessen geprägt, aber darauf ist später zurückzukommen. Zunächst soll hier nur angemerkt werden, daß damit natürlich nicht nur die „Verstädterung" (also der formale Aspekt) gemeint ist, sondern auch soziokulturelle und ökonomische Transformationsprozesse. Dieser Hinweis zeigt die Ambivalenz auf, mit der das Thema „Alpenstadt" verknüpft ist (BOESCH 1993; BÄTZING und PERLIK 1999).

Unter dem Gesichtspunkt der Nachhaltigkeit soll schließlich ein Hinweis auf den „ökologischen Fußabdruck" (WACKERNAGEL und REES 1996) der Alpenpopulation nicht fehlen: Unter Berücksichtigung der urbanen Lebensweise, der spezifischen touristischen Produktionsbedingungen und der hohen Mobilitätsbedürfnisse, welche aus den lockeren (periurbanen) Siedlungsstrukturen entstehen, und unter Berücksichtigung der knappen räumlichen Ressourcen wird ersichtlich, daß in den Alpenstadt-Regionen ähnlich hohe Belastungswerte (und damit Handlungsbedarf) resultieren wie in den außeralpinen Verdichtungsräumen. Es wird zu prüfen sein, welche regionalpolitischen Schlußfolgerungen daraus zu ziehen sind.

Wie schon bei der Betrachtung der demographischen Entwicklung angemerkt, können wir auch in bezug auf die gesamtwirtschaftliche Entwicklung von einem Expansions- und Transformationsprozeß ausgehen, der ähnlich verläuft wie in den außeralpinen Räumen. Der Übergang zur Dienstleistungsgesellschaft ist in vollem Gange, wobei hier der Tourismus die Funktion der Schlüsselbranche übernimmt. Dabei hat sich die Zahl der Arbeitsplätze zum Beispiel im Kanton Graubünden seit 1900 fast verdoppelt. Standörtlich bedingt ist der sekundäre Sektor (mit Ausnahme der traditionellen Bergbauregionen in den Ostalpen) durch kleine und mittlere Unternehmungen (KMU) geprägt. Der vergleichsweise noch hohe Anteil des primären Sektors mag zwar vordergründig als positiv bewertet werden (er sorgt für hohe Präsenz im Erscheinungsbild und in der Lokalpolitik), gleichzeitig ist er aber dessen Achillesferse: Darin kommt nämlich seine standörtlich bedingte relativ geringe Produktivität zum Ausdruck, was der Ansatzpunkt ist für starken Anpassungsdruck bei der Liberalisierung des Agrarsektors (RIEDER 1999). Hier wird in naher Zukunft mit erheblicher Dynamik zu rechnen sein.

Abbildung 7: **Altersstruktur 1990 (in %)**

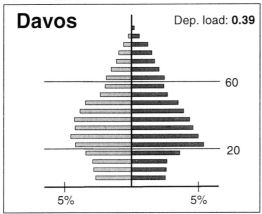

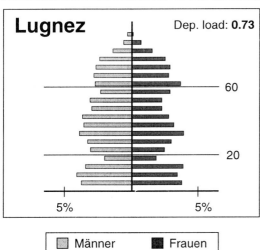

	Männer		Frauen

Anmerkung: Dependency load = Junioren + Senioren / aktive Bevölkerung.
Quelle: BFS 1993, eigener Entwurf. © MB / FWR-HSG 12-99

Unter dem Blickwinkel der Modernisierung besonders interessant ist die Situation im Tourismus. Die Zeit der gewerblichen Produktion geht auch hier rasch zu Ende, sowohl in der Hotellerie bzw. Gastronomie als auch im Bereich der touristischen Aktivitäten (zum Beispiel Skilifte). Ähnlich wie früher in der Industrie folgt jetzt auch hier die Phase der hochkapitalisierten, gewinnorientierten Großunternehmen und der rationalisierten Massenproduktion. Die Diskussion um regionale Verbunde im Sinne des „Destinationsmanagements" (MUSSNER et al. 1999) deutet aber auch im Tourismus auf eine nächste Phase hin: die flexible Produktion in wieder kleineren, spezialisierten Betrieben. Diese müssen aber (aus der Sicht der Kundschaft wahrnehmbar) zu Dienstleistungsketten verknüpft sein. Ungenügende Wettbewerbsfähigkeit könnte also durch Kooperation statt durch betriebliches Wachstum überwunden werden. Ein kurzer Blick auf die Bautätigkeit als zuverlässigen Indikator der wirtschaftlichen Prosperität zeigt übrigens eine hohe Übereinstimmung mit den Topdestinationen des Tourismus. Zumindest für den Schweizer Alpenraum kann daraus der Schluß gezogen werden, daß die Wettbewerbsfähigkeit dieser Regionen intakt ist, wenn auch insgesamt stagnierende Übernachtungszahlen auf gesättigte Märkte hinweisen.

Regionalwirtschaftliche Studien zeigen, daß die Multiplikatorwirkung der Leitbranche Tourismus auf alle übrigen Bereiche ausstrahlt: Je nach Region sind 50% bis 80% der regionalen Wertschöpfung auf die touristische Nachfrage zurückzuführen (ZEGG et al. 1993). Die noch stärkere Ausschöpfung (oder Einbindung) regionaler Ressourcen, beispielsweise die lokale Vermarktung landwirtschaftlicher Produkte, erhöht natürlich diesen Anteil noch. Eine derart starke Fokussierung auf eine einzelne Branche ist eher ungewöhnlich, und die damit zusammenhängenden Risiken werden seit längerem diskutiert. Alternativen sind freilich kaum in Sicht, allenfalls ist eine Diversifikation innerhalb der Tourismusbranche selbst eine valable Option. Ökonomische Nachhaltigkeit bedeutet ja Erhaltung der Wertschöpfungskraft an unsicheren Märkten, nicht kurzlebige Erfolge nach dem Prinzip der „verbrannten Erde". Dieser Gesichtspunkt sollte in der tourismuspolitischen Diskussion wohl noch stärker als bisher berücksichtigt werden. Und zu diskutieren bleibt die Situation der strukturschwachen Regionen.

Mit Bezug auf die Nachhaltigkeitsdiskussion ist im übrigen anzumerken, daß auch die Tourismuswirtschaft auf der Transformation von Natur und der Kontrolle natürlicher Prozesse (Stichwort „Schneekanonen") basiert. Es ist die regionalpolitische Schwäche des sogenannten „Sanften Tourismus", daß damit unter gegenwärtigen Rahmenbedingungen nur eine minimale Wertschöpfung verbunden ist und folglich das Dilemma von Nutzung und Erhaltung (MESSERLI und WIESMANN 1996) nicht aufgelöst werden kann. Regionalwirtschaftlich am interessantesten sind hingegen anspruchsvolle Feriengäste in den oberen Beherbergungskategorien und mit hohem Aktivitäts- bzw. Konsumbedarf. Unter dem Diktat der „Logik des (globalen) Marktes" (ULRICH 1986) verschiebt sich die frühere (traditionelle) Balance von Produktion und Reproduktion immer stärker auf die Seite der kurzfristigen, kommerziell nutzbaren „Wertschöpfungs"-Prozesse, zu Lasten der langfristigen „Wertsicherungs"-Prozesse, die vernachlässigt werden. Oder mit anderen Worten: Konsum und ökonomisches Kapital (gebunden in der Produktionsstruktur) werden progressiv ausgeweitet, währenddessen sowohl das ökologische Kapital (nämlich Biodiversität und Stabilität; vgl. DALY 1992) als auch das „soziale Kapital" (nämlich Kohäsion; vgl. FUKUYAMA 1995) übermäßig abgebaut werden.

Dieses offensichtliche Auseinanderklaffen von ökologischen und sozialen Anforderungen und ökonomistischer Rationalität ist auf massive externe Effekte zurückzuführen. Ohne griffige Internalisierungsansätze und Leistungsaufträge sind deshalb kaum Verbesserungen zu erwarten. Allerdings muß dabei dezidiert von der kasuistischen Feinsteuerung auf eine generelle Grobsteuerung umgeschwenkt werden. Nachhaltigkeitspolitik kann nur über eine entsprechende Kombination realisiert werden, d.h. über Mengen und Märkte (vgl. dazu MAIER-RIGAUD 1994 und Abb. 8). Zu diskutieren wäre zum Beispiel eine stärkere Abgeltung der „Landschaftsproduktion", das heißt Transferleistungen vom Tourismus an die Landwirtschaft direkt in der Region. Die Ablehnung solcher zusätzlicher Kosten ist vorhersehbar – gefordert wird ja schließlich das Gegenteil: günstige Rahmenbedingungen (sprich: Kostensenkungen aller Art). Dies zeigt, daß der Tourismus im Alpenraum oft nur aufgrund mangelnder Kostenwahrheit konkurrenzfähig ist.

Abbildung 8: **Nachhaltigkeitspolitik mit Mengen & Märkten**

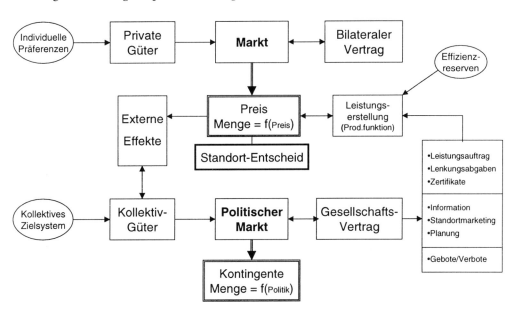

Anmerkung: Darstellung der Marktprozesse für private Güter sowie für Kollektivgüter. Nachhaltigkeitspolitik erfolgt über die Grobsteuerung der Zielmengen für Kollektivgüter sowie über die Feinsteuerung der Marktentscheidungen.
Quelle: eigener Entwurf.   © MB / FWR-HSG 12-99

4 Regionalisierung

Auf der Analyse einzelner Sachverhalte und Parameter basieren schließlich Regionalisierungsansätze. BÄTZING (1999) folgend können vier Regionstypen[54] unterschieden werden:

– **Z**: Zentrumsregionen mit stark verstädtertem Kern und periurbanem Agglomerationsraum; neben Tourismus und übrigen Dienstleistungen sind oft auch Industrie und Gewerbe stark entwickelt; insgesamt hohes Bevölkerungswachstum, vor allem in der Agglomeration; hohe Wertschöpfung.

– **pU**: Periurbane Regionen, das heißt Auspendlergemeinden im Einzugsgebiet außeralpiner Zentren; rasches Bevölkerungswachstum, aber ohne eigenständige wirtschaftliche Dynamik; geringe Wertschöpfung.

– **L**: Traditionelle (ländliche) Regionen mit disperser Siedlungsstruktur; Landwirtschaft, Gewerbe und etwas Tourismus; ausgeglichene Bevölkerungsbilanz; mittlere Wertschöpfung.

– **E**: Entleerungsregionen mit starkem Bevölkerungsrückgang und hohem Anteil der Landwirtschaft; geringe Wertschöpfung.

Diese vier Regionstypen machen die Disparitäten nach der 70-%-Regel deutlich: Rund 70% der Aktivitäten konzentrieren sich auf rund 30% der Fläche und umgekehrt. Darin kommt die zunehmende Selektivität der marktwirtschaftlichen Entscheide zum Ausdruck (vgl. Abb. 9).

Die vier Regionstypen sind allerdings relativ kleinräumig ineinander verzahnt; sie bilden gleichsam ein Mosaik auf der unteren Maßstabsebene. Große übergreifende homogene Einheiten wie die metropolitanen Verdichtungsgebiete im außeralpinen Raum fehlen gänzlich. Dies kann als Defizit, aber auch als regionalpolitische Chance verstanden werden.

Transponieren wir nun die deskriptiven Resultate der Typisierung auf die explikative Ebene: Diese vier Regionstypen entsprechen unterschiedlichen Situationen im klassischen Zentrum-Peripherie-Modell (FRIEDMANN 1973) am Übergang von der Initial- zur Reifephase. Die Spill-over-Effekte alpiner wie auch außeralpiner Zentren sind dabei besonders aufschlußreich. Sie weisen auf räumliche Verflechtungen und damit auf die Bedeutung von Erreichbarkeit in einem Netzwerk und kritischer Masse als entscheidende Standortparameter hin.[55] Darüber hinaus ist aber auch die Wirkung

---

[54] Diese Regionstypen basieren ausschließlich auf demographischen Daten. Eine Vertiefung des Ansatzes durch die Einbeziehung sozioökonomischer Parameter ist angezeigt.

[55] Raumwissenschaftlich bedeutsam ist hierbei der Übergang von kontingenten zu nodalen Mobilitätssystemen. Die Bedeutung „klassischer" (geographischer) Standortfaktoren wie Lage und Topographie (MESSERLI 1999: 70) sollte hingegen nicht überschätzt werden.

der soziokulturellen Urbanisierungs- und Modernisierungsprozesse zu beachten.[56] Erst die Kombination der beiden Dimensionen vermag einen Entwicklungspfad auszulösen. Wir stoßen damit erneut auf das regionalpolitische Dilemma zwischen Eigendynamik und Erhaltung.

Abbildung 9: **Strukturdaten nach Regionstypen (1990)**

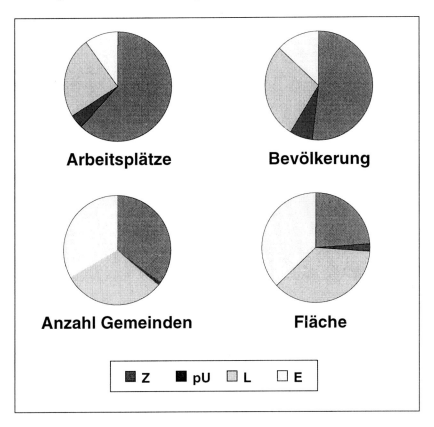

Anmerkung: Dargestellt sind die Anteile der vier Regionstypen an der Grundgesamtheit der vier strukturellen Eckwerte Bevölkerung, Arbeitsplätze, Fläche und Gemeindezahl.
Quelle: BÄTZING 1999, eigener Entwurf. © MB / FWR-HSG 12-99

---

[56] Vgl. BOESCH (1993); zur Diskussion über Wettbewerbsfähigkeit ferner PORTER (1990).

5 Stadtentwicklung im regionalen Kontext

Stadtentwicklung muß – gerade im Alpenraum – im regionalen Kontext verstanden werden, sind es doch die Regionen bzw. Städte mit ihrem Umland, welche im Standortwettbewerb miteinander konkurrieren. Dabei spielen nicht nur Marktkräfte, sondern auch die Regionalpolitik eine wichtige Rolle.

Es ist das Ziel der Regionalpolitik, Ungleichgewichte der regionalen Entwicklung auszugleichen, sei es durch Verbesserung der allgemeinen Rahmenbedingungen, sei es durch spezifische Einzelmaßnahmen. Diese generelle Zielsetzung hat sich jedoch als nicht operativ herausgestellt, seitdem die früher übliche Gleichsetzung von Fortschritt und Wirtschaftswachstum durch das Gebot der Nachhaltigkeit abgelöst wird (THIERSTEIN und EGGER 1994; FERRIER 1998). Die neue, schwierige Aufgabe besteht nun darin, stets die Balance zwischen Wettbewerbsfähigkeit und Kohäsion zu finden.

Für den Bereich Wettbewerbsfähigkeit ist es nützlich, sich auf das Modell von PORTER (1990) zu stützen. Es zeigt auf, wo die standörtlichen Defizite liegen könnten. Gerade für den Alpenraum greift dieser marktorientierte Ansatz aber zweifach zu kurz: Zum einen können hier zentrale Standortnachteile (nämlich übermäßig hohe Reproduktionskosten) in der Regel nur durch Maßnahmen der öffentlichen Hand ausgeglichen werden und zum anderen führt die Marktdynamik ja gerade wieder zu neuen Disparitäten. Es erscheint deshalb nicht zielführend, die Rolle des Staates ausschließlich auf die Wirtschaftsförderung zu reduzieren und ihm die Regulation im ökologischen und sozialen Bereich zu verwehren bzw. ihm die dafür nötigen Mittel zu entziehen.

Für die Festsetzung der Ziele sollte nun allerdings nicht nur von der gegenwärtigen Struktur und allfälligen aktuellen Defiziten, sondern auch von Szenarien der zukünftigen Entwicklung und den langfristig verfügbaren Ressourcen ausgegangen werden. Damit könnten Fehleinschätzungen und in ihrem Gefolge Ressourcenverschwendung und Frustration vermieden werden. Bezüglich der Szenarien künftiger Entwicklungslinien muß die neue Situation einer verstärkten Globalisierung in die Überlegungen einbezogen werden. Gunstandorte werden von einer Beschleunigung der Entwicklung betroffen, dort wird gelegentlich die Sättigungsphase im Sinne des FRIEDMANN-Modells erreicht werden. Zudem kann auch damit gerechnet werden, daß nun unter veränderten Rahmenbedingungen einzelne ganz neue Gunstandorte auftauchen. Umgekehrt werden sich aber an weniger günstigen Standorten die bisherigen Spillover-Effekte verlangsamen oder gar ausbleiben.

Ein zusätzlicher Einschnitt mit großräumiger Wirkung wird durch die schon erwähnte Neuorientierung der Agrarpolitik generiert. Es ist kaum denkbar, daß weiterhin Transfermittel in ausreichendem Maße zur Verfügung stehen werden. Dies gilt wohl nicht nur für die Landwirtschaft, sondern für den Alpenraum ganz allgemein, selbst wenn man berücksichtigt, daß nun auf der Ebene der EU eine Neuorientierung der Regionalpolitik einsetzt (EU 1998; WACHTER 1998).

Diese Neuorientierung bedeutet ja nicht einfach „mehr Finanzen für die Alpenförderung", sondern sie zielt unter anderem gerade darauf ab, stärker regional zu differenzieren und den Ressourceneinsatz konzentriert vorzunehmen. Dies kann nur heißen, daß die bisherige flächendeckende Betrachtungsweise und die damit verbundene Anspruchshaltung[57] überholt sind; dafür werden in Zukunft schlicht die Mittel fehlen. Hochrechnungen zeigen, daß ein Rückzug aus der Fläche unvermeidlich sein wird. So sind zum Beispiel im Bereich der Agrarpolitik die Transfermittel (Direktzahlungen) kaum mehr für eine weiterhin flächendeckende Bewirtschaftung verfügbar. Freisetzungen von Flächen in der Größenordnung von 10 bis 20% sind zu erwarten. Weil aber durch die Konzentration der Mittel ihr Wirkungsgrad erhöht werden kann (etwa im Bereich der Mobilitätssysteme oder der Sicherung vor Naturrisiken), wird dies für den Alpenraum als Ganzes vorteilhaft sein (BOESCH 1998b; BOESCH und SCHMIED 1999). Die Frage heißt also: Wo sollen die Mittel gezielt und wirkungsvoll (im Sinne der gesellschaftlichen Ziele) eingesetzt werden? Eine differenzierte ökologische Diskussion muß sich dieser Prioritätensetzung widmen und auch die positiven Aspekte der neuen Dynamik in Richtung „Wildnis-Gebiete" (CIPRA 1997) berücksichtigen.

Ein zweiter Aspekt der Neuorientierung wird die Verstärkung des Leistungselementes sein: Transfermittel werden immer mehr im Rahmen von Leistungsaufträgen und Globalbudgets zur Verfügung gestellt – nur so können sie noch legitimiert werden. In der Agrarpolitik hat sich dieser Ansatz schon sehr rasch zum Standard entwickelt. Zu diskutieren wäre aber etwa auch das Modell von Regionspartnerschaften (an Stelle der bisherigen Autonomie-Rhetorik) zwischen einzelnen Verdichtungsräumen und Peripherieräumen im Sinne des Ausgleichs von ökonomischen und ökologischen Ressourcen. Damit könnte das erwähnte regionalpolitische Dilemma, der Widerspruch zwischen geforderter Eigendynamik und ihrer Eingrenzung im Interesse der ökologischen Ziele, abgeschwächt werden.

Die Regionalpolitik bzw. ihr Mitteleinsatz wird also im Zeichen der Fokussierung stehen; damit erhält auch die Regionsanalyse und -typisierung ihren operativen Sinn: Die Prioritätensetzung könnte damit nach rationalen Kriterien erfolgen. Dies ist eine Chance für die Regionalpolitik, aber auch eine Herausforderung für die Regionalwissenschaft, politikrelevante Informationen bereitzustellen.

Absehbar ist eine regionsspezifisch differenzierte Entwicklung (vgl. Abb. 10):

– Die **Z-Regionen** und mit ihnen die Alpenstädte müssen sich bei rückläufigen Transferleistungen der öffentlichen Hand noch stärker als bisher am Markt orientieren. Weiters sind die bekannten Stadtprobleme anzugehen: Verkehr, Umweltbelastung, Si-

---

[57] Sozusagen das verfassungsmäßige Recht auf gleiche Ausstattung an jedem beliebigen Ort. Vgl. dazu die aktuelle Diskussion um die Ausgestaltung des „public service" sowie die Aufrechterhaltung dezentraler Arbeits- und Ausbildungsplätze im Zeitalter privatisierter öffentlicher Dienstleister. Die beklagte „Entsolidarisierung" darf eigentlich nicht überraschen, wenn man das Credo des Neoliberalismus „Mehr Freiheit – weniger Staat" berücksichtigt (VONTOBEL 1998). Es rächt sich jetzt für die Alpenregion, daß sie dieser Ideologie kritiklos gefolgt ist.

cherheit, soziale Disparitäten, Lastenausgleich. Gleichzeitig müssen die Städte versuchen, ihre Position im übergreifenden Städtenetz zu stärken.

Abbildung 10: **Neuorientierung der Regionalpolitik**

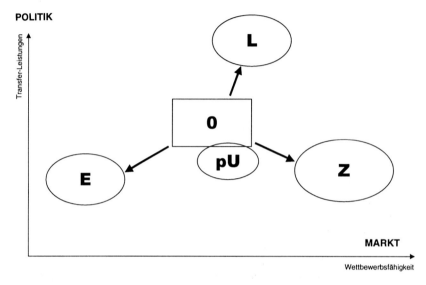

Anmerkung: Orientierungsgradienten im Spannungsfeld Markt/Polibtik für die vier Regionstypen, relativ zur Ausgangslage 0.
Quelle: eigener Entwurf.   © MB / FWR-HSG 12-99

– Die **pU-Regionen** müssen in Kooperation mit den jeweiligen außeralpinen Zentren die anstehenden Agglomerationsprobleme lösen. Eine alpenspezifische Förderung
erscheint nicht angezeigt.

– Die **L-Regionen** – mit Kleinstädten als Zentren – erhalten verstärkt Leistungsaufträge, sollten sich zudem aber auch selbst um bessere Wettbewerbsfähigkeit bemü-
hen, zum Beispiel durch neue Kooperationsformen, welche das Problem der „kriti-
schen Masse" mindern könnten. Die Kleinstädte müssen dabei dezidiert als Innovati-
onszentren eingesetzt werden. „L" könnte zudem für Label-Region stehen, d. h. mit
spezifischen Qualitätsmerkmalen müssen Mehrwerte generiert werden. Wenn sich L-
Regionen zu Z-Regionen entwickeln, dann müssen die Förderungsmittel abgesetzt
werden.

– Die **E-Regionen** werden mit weniger Transfermitteln auskommen müssen. Zudem wird sich ihre Situation auf dem Markt verschlechtern, außer vielleicht im Bereich von Nischenprodukten. Dieses Potential darf aber nicht überschätzt werden. Ein
selektiver Rückzug aus der Fläche ist unvermeidlich. Hier entstehen ökologische Aus-
gleichsräume, welche dank der kleinmaßstäbigen Vernetzung sehr wertvoll sein können.

Die vier verschiedenen Regionstypen haben sehr unterschiedliche Zukunftschancen unter den veränderten Rahmenbedingungen („Mehr Markt"). Voraussetzung zum Erfolg ist eine überlegte Fokussierung beim Einsatz der knapper werdenden regionalpolitischen Mittel. Dabei sollte die Prioritätensetzung dem Leitbild der Nachhaltigkeit folgen, um die gegebenen Chancen zu wahren. Partnerschaften mit außeralpinen Verdichtungsräumen wie auch größeren Alpenstädten und L-Regionen könnten das regionalpolitische Dilemma, die Dichotomie von Nutzung und Erhaltung, abschwächen.

Literatur

BÄTZING, W., 1998a. Kleines Alpenlexikon. Umwelt – Wirtschaft – Kultur. Beck'sche Reihe 1205. München: Beck.

BÄTZING, W., 1998b. Der Alpenraum zwischen Verstädterung und Verödung. Praxis Geographie 28, 2: 4–9.

BÄTZING, W., 1999. Die Alpen im Spannungsfeld der europäischen Raumordnungspolitik. Anmerkungen zum EUREK-Entwurf auf dem Hintergrund des aktuellen Strukturwandels im Alpenraum. Raumforschung und Raumordnung 57, 1: 3–13.

BÄTZING, W., MESSERLI, P. und M. PERLIK, 1995. Regionale Entwicklungstypen. Analyse und Gliederung des schweizerischen Berggebietes. Beiträge zur Regionalpolitik 3. Bern.

BÄTZING, W. und M. PERLIK (Hg.), 1999. Die Zukunft der Alpenstädte in Europa. Revue de Géographie Alpine 87, 2. Grenoble.

BÄTZING, W., PERLIK, M. und M. DEKLEVA, 1996. Urbanization and depopulation in the Alps – an analysis of current social-econimic structural changes. Mountain Research and Development 16, 4: 335–350.

BÄTZING, W. et al., 1993. Der sozio-ökonomische Strukturwandel des Alpenraums im 20. Jahrhundert. Geographica Bernensia P 26. Bern.

BIRKENHAUER, J., 1996. Die Alpen. Problemräume Europas, Band 6. Köln: Aulis.

BMBAU-BUNDESMINISTER FÜR RAUMORDNUNG, BAUWESEN UND STÄDTEBAU (Hg.), 1995. Grundlagen einer Europäischen Raumentwicklungspolitik. Bonn.

BOESCH, M., 1986. Konstruktive Regionalpolitik. Plädoyer für eine offensive Strategie der Berggebiete. In: MEIER, R. (Hg.). Neuorientierung der Regionalpolitik. Eine Auswertung der Ergebnisse des NFP „Regionalprobleme". SAB Schriftenreihe 127. Brugg: 37–40.

BOESCH, M., 1987. Fremdenverkehr im Spannungsfeld von ökonomischen, sozio-kulturellen und ökologischen Anforderungen. Referat Hearing EG-Parlament, Ausschuß für Jugend, Kultur, Bildung, Information und Sport, 27. April 1987, Bruxelles. In: CIPRA (Hg.). Grenzen der touristischen Entwicklung im Alpenraum – drei Diskussionsbeiträge. CIPRA Kleine Schriften 1. Vaduz: 49–55.

BOESCH, M., 1993. Alpenpolitik – Visionen und Wirklichkeit. In: JÜLG, F. (Hg.). Tourismus im Hochgebirge: Die Region Großglockner. Symposium Heiligenblut 1992. Wiener Geographische Schriften 64. Wien: 115–127.

BOESCH, M., 1996. Neue Perspektiven für den ländlichen Raum. BVR-Informationen 20, 4: 33–44.

BOESCH, M., 1997. Wirtschaftsstandort Alpen: Regionale oder globale Orientierung? In: CIPRA (Hg.). Tun und Unterlassen. Elemente für eine nachhaltige Entwicklung in den Alpen. CIPRA-Jahreskonferenz 1995/Triesenberg. CIPRA-Schriften 13. Schaan/FL: 63–66.

BOESCH, M., 1998a. Raumplanung im „ländlichen Raum". In: 4. Nationale Tagung zur Alpenforschung der SANW/SAGW, Altdorf, 5. März – 3. Oktober 1997. SANW Info Spezial 2/98. Bern: 23–28.

BOESCH, M., 1998b. Nachhaltige Stärkung des ländlichen Raumes. Geographica Helvetica 53, 4: 144–149.

BOESCH, M., 1999. Neue Ökonomie – das Ende der Urbanität? Basel: SWB.

BOESCH, M. und S. SCHMIED, 1999. Die Mobilitätskosten der Desurbanisierung. In: WEBER, G. (Hg.). Raummuster/Planerstoff – Festschrift für Fritz Kastner zum 85. Geburtstag. Wien: IRUB: 261–270.

BRIDEL, L., 1985. Diversité et stabilité des Alpes. Le Globe 125: 31–59.

BUNDESAMT FÜR STATISTIK (BFS) (Hg.), 1993. Eidgenössische Volkszählung 1990. Bevölkerungsstruktur, geographische Tabellen. Bern: BFS.

CIPRA – INTERNATIONALE ALPENSCHUTZ-KOMMISSION (Hg.), 1997. Tun und Unterlassen. Elemente für eine nachhaltige Entwicklung in den Alpen. CIPRA-Jahreskonferenz 1995/Triesenberg. CIPRA-Schriften 13. Schaan/FL.

CIPRA – INTERNATIONALE ALPENSCHUTZ-KOMMISSION (Hg.), 1998. Alpenreport – Daten, Fakten, Probleme, Lösungsansätze. Bern.

CIPRA – INTERNATIONALE ALPENSCHUTZ-KOMMISSION (Hg.), 1999. Jung sein – alt werden im Alpenraum. Zukunftsperspektiven und Generationendialog. CIPRA-Schriften 17. Schaan/FL.

DALY, H., 1992. Allocation, distribution, and scale: Towards an economics that is efficient, just, and sustainable. Ecological Economics 6: 185–193.

DOLLINGER, F., 1998. Das Europäische Raumentwicklungskonzept EUREK. Entsteht eine europäische Ebene der Raumplanung ohne rechtliche Grundlage? SIR-Mitteilungen 26, 1: 119–127.

ESTERMANN, J., 1999. Neuorientierung der Raumordnungs- und Strukturpolitik. die stadt – les villes 5: 9–11.

EU – COMMISSION EUROPEENNE (Hg.), 1995a. Etude prospective des régions de l'arc alpin et périalpin. Etudes de développement régional 17. Luxemburg.

EU – EUROPÄISCHE KOMMISSION (Hg.), 1995b. Europa 2000+ – Europäische Zusammenarbeit bei der Raumentwicklung. Luxemburg.

EU – EUROPÄISCHE KOMMISSION (Hg.), 1998. EUREK. Europäisches Raumentwicklungskonzept. Brüssel.

FERRIER, J.-P., 1998. Le contrat géographique, ou l'habitation durable des territoires. Antée 2. Lausanne: Payot.

FIRLEI, K., 1999. Zukunftspfade antizipieren. proZukunft 99, 4: 1ff.

FRIEDMANN, J., 1973. Urbanization, Planning, and National Development. London.

FUKUYAMA, F., 1995. Trust. The Social Virtues and the Creation of Prosperity. New York: Free Press.

FUKUYAMA, F., 1999. The Great Disruption. Human Nature and the Reconstitution of Social Order. New York: Free Press.

FÜRST, D., 1997. Auf dem Weg zu einer europäischen Raumordnung und die Rolle der Regionen in Deutschland. DISP 130: 47–54.

GASSLER, H., 1999. Alpiner Tourismus in Österreich. GWU–Materialien 2/99. Wien.

GIDDENS, A., 1984. Die Konstitution der Gesellschaft. Grundzüge einer Theorie der Strukturierung (The Constitution of Society. Outline of the Theory of Structuration). Frankfurt/M.

KELLER, L., 1998. Die Alpen im politischen Spiel. Wissenschaftliche Alpenvereinshefte 32. München.

KLEINEWEFERS, H., 1997. Erfolgsbedingungen regionaler Entwicklung. DISP 131: 31–42.

LAIREITER, Ch., 1998. Neue Initiativen zur transnationalen Raumentwicklungskooperation im Alpenraum. Raum 32: 36–38.

MAIER-RIGAUD, G., 1994. Umweltpolitik mit Mengen und Märkten. Lizenzen als konstituierendes Element einer ökologischen Marktwirtschaft. Marburg: Metropolis.

MESSERLI, P., 1999. Sind Alpenstädte besondere Städte? In: BÄTZING, W. und M. PERLIK (Hg.). Die Zukunft der Alpenstädte in Europa. Revue de Géographie Alpine 87, 2. Grenoble: 65–76.

MESSERLI, P. und M. PERLIK, 1997. Eine differenzierte Entwicklungspolitik für den Alpenraum in Europa. In: EHLERS, E. (Hg.). Deutschland und Europa. Colloquium Geographicum 24. Bonn: 287–302.

MESSERLI, P. und U. WIESMANN, 1996. Nachhaltige Tourismusentwicklung in den Alpen – die Überwindung des Dilemmas zwischen Wachsen und Erhalten. In: HURNI et al. (Hg.). Umwelt – Mensch – Gebirge. Festschrift Bruno Messerli. Bern: 175–194.

MINSCH, J. et al., 1996. Mut zum ökologischen Umbau. Basel: Birkhäuser.

MUSSNER, R. et al. (Hg.), 1999. Destinationsmanagement. Chur: Rüegger.

PORTER, M. E., 1990. The Competitive Advantage of Nations. London: Macmillan.

RIEDER, P., 1999. Landwirtschaft in wirtschaftlich verschieden entwickelten Gebieten. In: WSL (Hg.). Nachhaltige Nutzungen im Gebirgsraum. Forum für Wissen 2/99. Birmensdorf: 33–42.

SCHINDEGGER, F. et al. (Hg.), 1998. Regionalentwicklung im Alpenraum. Schriften zur Regionalpolitik und Raumordnung 31. Wien.

THIERSTEIN, A. und U. K. EGGER, 1994. Integrale Regionalpolitik – ein prozessorientiertes Konzept für die Schweiz. SIASR-Schriftenreihe 32. Chur: Rüegger.

ULRICH, P., 1986. Transformation der ökonomischen Vernunft. Fortschrittsperspektiven der modernen Industriegesellschaft. Bern: Haupt.

VONTOBEL, W., 1998. Die Wohlstandsmaschine. Das Desaster des Neoliberalismus. Zürich: Elster.

WACHTER, D., 1998. Raumordnungspolitik der Europäischen Union. Bedeutung und Herausforderung für die Schweiz. Geographica Helvetica 53, 3: 139–143.

WACKERNAGEL, M. und W. REES, 1996. Our Ecological Footprint. Reducing Human Impact on the Earth. Philadelphia.

WOLF K. et al., 1997. Zum Entwurf des Europäischen Raumentwicklungskonzeptes (EUREK). ARL-Nachrichten 3: 31–35.

ZEGG, R. et al., 1993. Die wirtschaftliche Bedeutung des Tourismus in der Region Mittelbünden. Chur.

Verzeichnisse

Abbildungen

Karten

Tabellen

Die Autoren

Karin Bartl, geb. 1974 in Klagenfurt; Studium der Landschaftsplanung an der Universität für Bodenkultur in Wien; fachliche Schwerpunkte: Landschaftsökologie und Umweltschutz; Mitarbeiterin im Büro für Ökologie und Landwirtschaft Bogner & Golob, Klagenfurt; Projektmitarbeiterin im virtuellen Projekt „Urbanisation as a Geographical Effective Structure Between Conurbations and Rural Countryside".

Michel Bauer, geb. 1940 in Cahors; Maitre de conférences en Gestion, Faculté Langues Tourisme Affaires Internationales de l'Université de Savoie, Chambéry; Direktor des Centre de Recherches Interdisciplinaire sur le Tourisme de l'université de Savoie; in der Université de Savoie verantwortlich für den DESS/MA „European Tourism Management"; Direktor der IUP Tourisme Hotellerie Transport et Loisirs (IUP THTL). Forschungsschwerpunkte: Kulturtourismus, Verwaltung, Organisation und Marketing von Skigebieten, Kommunikation und Image von Fremdenverkehrsgebieten im Gebirgsraum (Alpen, Karpaten).

Martin Boesch, geb. 1943 in Zürich; Professor für Theoretische und Angewandte Wirtschafts- und Sozialgeographie an der Universität St. Gallen und Geschäftsführer der Bündner Vereinigung für Raumplanung in Chur; umfangreiche Beratungstätigkeit im Bereich Raumplanung, Entwicklungsplanung und Umweltschutz; Mitglied der Expertenkommission Alpenforum (Schweizerische Akademie der Naturwissenschaften) und der Expertenkommission Alpenkonvention; Gastprofessuren an den Universitäten Berlin, Salzburg, Wien und Klagenfurt.

Daniel Bogner, geb. 1965 in Wels; Leiter des Büros für Ökologie und Landwirtschaft Bogner & Golob, Klagenfurt; Studium der Landwirtschaft/Pflanzenproduktion an der Universität für Bodenkultur/Wien, vertiefte GIS-Ausbildung in Klagenfurt und Salzburg; seit 1993 Projektarbeit in Kärnten im Bereich Kulturlandschaft, Agrarökologie, GIS-Modellierung und Regionalentwicklung; Projektleiter im virtuellen Projekt zur Urbanisierung „Urbanisation as a Geographical Effective Structure Between Conurbations and Rural Countryside".

Axel Borsdorf, geb. 1948 in Volmerdingsen/Bad Oeynhausen; Direktor des Instituts für Stadt- und Regionalforschung der Österreichischen Akademie der Wissenschaften und ordentlicher Universitätsprofessor am Institut für Geographie der Universität Innsbruck. Nach seiner Berufung nach Innsbruck 1991 weitete er sein Forschungsinteresse, das sich regional auf die Städte im Andenraum erstreckte, auf die Städte in den Alpen aus, wobei Fragen der Lebensqualität, der nachhaltigen Entwicklung, der Verkehrsgeographie, des Tertiären Sektors und der Zentralität in den Vordergrund gerückt sind. Er arbeitet am internationalen Forschungsprojekt „La Ville Alpine" (G.I.N.C.O.) mit und koordinierte die „Axe III: Ville et region"; ferner ist er Mitglied im Ad-hoc-Komitee der Österreichischen Akademie der Wissenschaften zur Vorbereitung eines Österreichischen Nationalkomitees Alpenforschung und ist dabei verantwortlich für den Bereich „Sozioökonomische Alpenforschung"; Leiter der Projektstudie Innsbruck im virtuellen Projekt „Urbanisation as a Geographical Effective Structure Between Conurbations and Rural Countryside".

Gérard-François Dumont, Rektor an der Université de Nice; Professor an der Universität Sorbonne-Paris IV; Forschungsschwerpunkte: Alpenforschung, Regionalforschung, Kultur- und Sozialgeographie.

Marie-Christine Fourny, Maître de Conférences am Laboratoire de la Montagne Alpine am Institut de Géographie Alpine, Université Joseph Fourier, Grenoble; Koordinatorin des Projektes „La Ville Alpine" (G.I.N.C.O. II).

Armin Heller, geb. 1961 in Geislingen/Steige; Studium der Mathematik und Geographie an der Universität Tübingen; seit 1992 Universitätsassistent am Institut für Geographie der Universität Innsbruck. Fachliche Schwerpunkte: EDV in der Geographie, Geographische Informationssysteme, Statistische Methoden, Regionalgeographie Österreichs und Frankreichs.

Sabine Hohendorf, geb. 1968 in Laupheim (Baden-Württemberg); Studium der Geographie und Geologie an der Universität Stuttgart, der Bodenkunde an der Universität Hohenheim sowie der Geographie (mit Schwerpunkt Humangeographie und Fernerkundung) an der Universität Wien.

Michaela Paal, geb. 1960 in Wien; Mitarbeiterin am Institut für Stadt- und Regionalforschung der Österreichischen Akademie der Wissenschaften und Lektorin an der Universität Innsbruck; Studium der Geographie (Studienzweig Raumforschung/Raumordnung); Habilitationsschrift zu Dienstleistungsspezialisierungen europäischer Agglomerationsräume; Forschungsschwerpunkte: Stadtforschung, Transformationsforschung, Disparitätenforschung.

Beiträge zur Stadt- und Regionalforschung

Verlag der Österreichischen Akademie der Wissenschaften

ISR-Forschungsberichte